KB262106

그리스도란 어떤 분이신가?

그리스도란 어떤 분이신가?

Joseph A. Fitzmyer, S.J.

A CHRISTOLOGICAL CATECHISM

NEW TESTAMENT ANSWERS

© Paulist Press, New York 1991

Translated by Ri Bong-U

© Benedict Press, Waegwan, Korea 1997

그리스도란 어떤 분이신가

1997년 7월 초판 | 2009년 1월 재쇄

옮긴이 · 이봉우 | 펴낸이 · 이형우

ⓒ 분도출판사

등록 · 1962년 5월 7일 라15호

718-806 경북 칠곡군 왜관읍 왜관리 134의 1

왜관 본사 · 전화 054-970-2400 · 팩스 054-971-0179

서울 지사 · 전화 02-2266-3605 · 팩스 02-2271-3605

www.bundobook.co.kr

ISBN 89-419-9719-4 04230

ISBN 89-419-9752-6 (세트)

값 6,500원

사목총서 18

조셉 A. 피즈마이어

그리스도란 어떤 분이신가

신약성서에 나타난 그리스도에 관한 문답서

이봉우 옮김

분도출판사

목 차

약 어 표

AAS	*Acta Apostolicae Sedis*
AER	*American Ecclesiastical Review*
Ang	*Angelicum*
Anton	*Antonianum*
ASS	*Acta Sanctae Sedis*
BenMon	*Benediktinische Monatschrift*
BeO	*Bibbia e Oriente*
BKirche	*Bibel und Kirche*
BLit	*Bibel und Liturgie*
BTB	*Biblical Theology Bulletin*
BZ	*Biblische Zeitschrift*
CBQ	*Catholic Biblical Quarterly*
ChicStud	*Chicago Studies*
CivC	*Civiltà Cattolica*
CJT	*Canadian Journal of Theology*
ColBG	*Collationes brugenses et gandavenses*
CSEL	*Corpus scriptorum ecclesiasticorum latinorum*
DaS	*Divino afflante Spiritu*
DBSup	*Dictionnaire de la Bible, Supplément* (ed. L. Pirot et al.; Paris: Letouzey et Ané, 1928-)
DS	H. Denzinger and A. Schönmetzer, *Enchiridion symbolorum* (33d ed.; Freiburg im B.: Herder, 1965)
EnchBib	*Enchiridion biblicum: Documenta ecclesiastica Sacram Scripturam spectantia auctoritate Pontificiae Commissionis de re biblica edita* (2d ed.; Naples: M. D'Auria; Rome: A. Arnodo, 1954; 4th ed., 1961)
HeyJ	*Heythrop Journal*
HPR	*Homiletic and Pastoral Review*
HSNTA	E. Hennecke and W. Schneemelcher (eds.), *New Testament Apocrypha* (2 vols.; London: Lutterworth, 1963, 1965)
HTR	*Harvard Theological Review*
IER	*Irish Ecclesiastical Record*
ITQ	*Irish Theological Quarterly*

LTK	*Lexikon für Theologie und Kirche* (11 vols.; 2d ed.; ed. J. Höfer and K. Rahner; Freiburg im B.: Herder, 1957-1967)
NCE	*New Catholic Encyclopedia* (15 vols.; New York: McGraw-Hill, 1967)
Nestle-Aland²⁶	E. and E. Nestle and K. Aland, *Novum Testamentum graece* (26th ed.; Stuttgart: Deutsche Bibelstiftung, 1979)
NHLE	*The Nag Hammadi Library in English* (ed. R. Smith; San Francisco, CA: Harper & Row; Leiden: Brill, 1988)
NJBC	*The New Jerome Biblical Commentary* (ed. R. E. Brown et al.; Englewood Cliffs, NJ: Prentice Hall, 1990)
NRT	*La Nouvelle Revue Théologique*
ns	new series
NTS	*New Testament Studies*
OssRom	*Osservatore Romano*
pace	with all due respect to the opinion(s) of ...
PG	*Patrologia graeca* (ed. J. Migne)
PL	*Patrologia latina* (ed. J. Migne)
RB	*Revue biblique*
RDiocNam	*Revue diocésaine de Namur*
RevistB	*Revista bíblica* (Argentina)
RSS	*Rome and the Study of Scripture: A Collection of Papal Enactments on the Study of Holy Scripture with the Decisions of the Biblical Commission* (7th ed.; St. Meinrad, IN: Grail, 1962)
par.	parallel(s)
SalTer	*Sal Terrae*
SBLMS	Society of Biblical Literature Monograph Series
ScCatt	*Scuola cattolica*
Scr	*Scripture*
SdZ	*Stimmen der Zeit*
TBT	*The Bible Today*
TheolGeg	*Theologie der Gegenwart*
TPQ	*Theologisch-praktische Quartalschrift*
TRev	*Theologische Revue*
TS	*Theological Studies*
ZAW	*Zeitschrift für die alttestamentliche Wissenschaft*

머 리 말

몇 년 전 「**시카고 스터디즈**」*Chicago Studies*의 편집장은 "**성서의 사목적 안내서**"[1]를 제작하면서 신약성서의 그리스도론과 관련된 문제점에 관해서 짧은 논문을 써 줄 것을 의뢰하였다. 그리고 단지 그 논문은 "**주 예수**"라는 제목으로 편집자가 나에게 보내준 15개의 질문에 간결한 회답을 한 것이다.

그 사목적 안내서는 곧 「**카테키스모 비블리코**」*Catechismo biblico*[2]라는 제목으로 이탈리아어로 번역되었다. 그리고, 그후 「**라 누벨 르뷰 떼올로지끄**」*La Nouvelle Revue Théologique* 지의 편집장으로부터 나의 논문을 프랑스어로 번역하고자 하니 그후의 연구 성과를 보완해서 다시 써 줄 것을 의뢰받고 나는 기쁘게 이에 응했다.[3] 이 프랑스어역에는 또 하나의 질문이 더해지고(제7문), 처음 받았던 질문 몇 개에 대한 대답도 개정하여 수록하였다.

이 책의 본문은 영어 원고에 다시 손을 댄 것이다. 회답의 어투에도 몇 번에 걸쳐 개정하고 새로이 네 개의 질문(제4, 8, 14, 15문)을 더해서 모두 스무 개의 질문으로 구성하였다. 이 새롭게 추가한 네 개의 질문들은 프랑스어판 독자들이 제안한 것이다.[4] 그리고 이 수정판에는 다섯 개의 질문(제3, 5, 9, 21, 25문)을 덧붙

---

[1] *ChicStud* 17 (1978) 75-104.

[2] Ed. George J. Dyer (Brescia: Queriniana, 1979).

[3] "Nouveau Testament et christologie: Questions actuelles", *NRT* 103 (1981) 18-47, 187-208. 이런 모양의 논문은 덴마크어로 *Magasin* 4-5 (1981) 3-66에 실렸고, 또 그것의 요약이 *TheolGeg* (1982).

[4] 영어로 책이 나온 후에 *Vingt questions sur Jésus-Christ* (Paris: Cerf, 1983)라는 프랑스어판이 나왔다(이는 잘 번역되지 않았고, 또 부록도 뺐다): 스페인어판, *Catecismo cristológico: Respuestas del nuevo testamento* (Salamanca: Sigueme, 1984); 이탈리아어판, *Domande su Gesù: Le risposte del Nuovo Testamento* (Universale teologica 20; Brescia: Queriniana, 1987); 플랑드르어판, *Geloven in vraag en antwoord; De historische Jezus en de Christus van het Geloof volgens het Nieuwe Testament* (Antwerp/Amsterdam: Patmos, 1987); 리투아니아어판, *Raktiniai klausimai apie Kristu* (Putnam, CT: Krikšcionis Gyvenime, 1986).

었는데 이것은 책이 처음 나타난 이후에 나에게 물어온 질문들이다. 그리고 질문과 회답 모두의 정식문定式文에 작은 수정이 이루어졌다. 모두 논의를 새롭게 하고, 현대의 독자들에게 좀더 실제적이 되도록 노력했다.

이 추가된 질문 하나(제4문)에 대한 답에는 이 책에서 다루고 있는 여러 문제의 핵심이 되는 점을 언급하고 있다. 즉, 신약성서에 나타난 그리스도에 관한 이 문답은 복음서의 역사적 진실성에 관한 1964년의 교황청 성서위원회의 지침에 입각한 것이다.[5] 그 지침이 나온 해에 내가 그에 관해 해설서를 쓴 것이 있는데, 그 지침이 이 그리스도론에 관한 연구에 얼마나 적절한 것인지를 지금 새삼 깨닫게 되었다. 그래서 개정된 해설판과 1964년 마련된 지침에 약간의 수정을 가한 번역판 그리고 그 지침 가운데 제19장을 부록에 포함시켰다. 이 책에서 내가 받았던 질문에 대한 대답은 성서위원회의 지침 및 제2차 바티칸 공의회의 교부들의 헌장에서 영감을 받은 것이다.

내가 이 점을 강조하는 것은 이 책에서 내가 의도하는 바가 무엇인지를 분명히하기 위해서이다. 한번만 보아도 알 수 있듯이 내가 받았던 질문에 대답하자면 몇 권의 책이 씌어져야 할 정도의 것이다. 그러나 나의 원래의 의도는 지면의 제한으로 말미암아 가능한 한 간결한, 그리고 내용적으로 잘 정리된 대답을 써서 참고 문헌을 줄이려고 했고 지금도 그렇게 생각하고 있다.

독자들도 이 점을 이해해 주기를 바라며, 이와같이 짧은 문답 형식에 포함되어 있는 것을 미루어 헤아려 주기를 바란다. 본인의 대답인 양 씌어졌지만 그것은 현대 가톨릭의 신약성서 연구 및 그 연구 성과를 근거로 하였다. 이 점에서는 특히 성서위원회의 지침을 따랐다.

---

[5] "The Biblical Commission's Instruction on the Historical Truth of the Gospels"라는 제목이 붙은 *TS* 25 (1964) 386-408. 그 지침에 대한 더 대중적인 논의는 "The Gospel Truth: What the Recent Vatican Statement Means to Modern Catholic Biblical Scholars"라는 제목으로 *America* 110 (1964) 844-6에 발표되었다. 그 *TS*의 논문은 결국 *The Historical Truth of the Gospels (The 1964 Instruction of the Biblical Commission): With Commentary* (Glen Rock, NJ: Paulist, 1965)라는 소책자로 발표되었다. 이 두 논문(*TS*와 *America*의)은 합쳐서 독일어판 *Die Wahrheit der Evangelien* (Stuttgart: Katholisches Bibelwerk, 1965)이라는 소책자가 되었다. 그리고 최근 100호를 지난 "Stuttgarter Bibelstudien" 총서의 첫째권으로 선정되었다.

나는 신약성서의 자료를 가능한 간결한 형태로 제시하고자 한다. 대답을 이러한 자료에 국한한 것은 다른 자료를 사용해서 예수에 관한 똑같은 질문에 대답할 가능성이 있는 성서학의 권위, 체계적인 신학의 전문가, 교부학자들의 성과를 나누어야 한다는 것을 뜻한다. 그런 뜻에서 이 책을 다 읽은 독자들에게는 신앙교리성Congregation for the Doctrine of the Faith에서 나온 육화와 성 삼위일체에 관한 선언인 「하느님 아들의 신비」*Mysterium Filii Dei*,[6] 그리고 특히 국제 신학위원회International Theological Commission가 펴낸 『그리스도론에 관한 선별된 문제들』(가칭, *Select Questions on Christology*)[7]을 읽기를 권한다. 이 두 가지의 문서는 신학자들이 신약성서 밖에서 얻은 자료를 다루면서 그리스도에 관한 같은 문제에 어떻게 대답하고 있는지를 보여준다. 그리스도론 분야에서 중요한 문제는 역시 역사의 나자렛 예수의 의식에 관한 것이다. 앞에 기술한 신학위원회의 이 문제에 대한 취급 방법은 아주 각별한 의미를 지닌다.[8] 이에 관해 자세히 기술하는 것은 이 책의 목적에 벗어나지만 필요에 따라서 여러 가지 형태로 언급하겠다.

끝으로 이 책을 완성하는 데 도움을 주신 분들에게 감사의 뜻을 표하고자 한다. 우선 「**시카고 스터디즈**」지의 편집장인 다이어George J. Dyer 신부님께 감사한다. 신부님은 당신이 기획한 **사목적 안내서**에 몇 가지 질문에 관한 대답을 쓸 것을 나에게 처음으로 의뢰하시고, 또 그 논문을 본 책의 형식으로 개정·증보하는 것을 쾌히 승낙해 주셨다. 다음으로는 나중에 알게 된 일이지만 처음 내가 받았던 열다섯 개의 질문을 준비하는 데 참여하여 힘이 되어주신 노틀담

---

[6] *AAS* 64 (1972) 237-41 참조. 그 선언의 영어 번역은 *Origins* 1/2 (1972) 665-8에서 찾아볼 수 있다. 또한 "Safeguarding Belief in the Incarnation and Trinity", *Catholic Mind* (June 1972) 61-4 참조.

[7] (Washington, D.C.: United States Catholic Conference, 1980). 라틴어 본문은 *Gregorianum* 61 (1980) 609-32에서 찾아볼 수 있다.

[8] 이 문헌에서는 "knowledge of the person and work of Jesus Christ" (IA or IB)를 다루면서 역사의 예수의 의식을 논의하려고 하지 않았다. 그것은 오히려 "the teachings of the Council of Chalcedon and Constantinople III" (IIID)를 전개한 부분, 특히 §6.1ff에 많다. 후자는 모든 종류의 신약성서를 참조하는데, 그들은 이 책이 채택한 견지에서가 아니라 조직적 견지에서 이루어진 것이다.

대학의 콜린스John J. Collins 박사께, 그리고 세번째로는 「시카고 스터디즈」의 논문을 처음으로 *NRT* 지의 편집장에게 소개해 주신 부르노R. P. Bruno Clarot, S.J. 신부님께 그리고 네번째로 그 본문의 개정을 나에게 요구하고 내용을 한층 충실하게 하는 계기를 마련해 주신 *NRT* 지 편집장 제이콥R. P. H. Jacobs, S.J. 신부님과 번역자에게, 그리고 다섯번째로 개정판에 관한 의견을 보내주신 브라운Raymond E. Brown, S.S. 신부님께, 그리고 이 개정된 논문을 한 권의 책으로 정리해서 출판을 맡아주신 보아트Lawrence E. Boadt, C.S.P. 신부님과 브로피Donald F. Brophy와 바오로 출판사Paulist Press의 다른 분들에게도 마음으로부터 감사를 드린다.

질문과 대답들

복음서의 이야기는 나자렛 예수의 언행을
정확히 사실대로 기술하고 있는가?

이 질문에 답하는 것은 그렇게 간단하지 않다. 왜냐하면 이 질문은, 예컨대 줄리어스 시저Julius Caesar가 실제로 루비콘Rubicon 강을 건넜는지 혹은 조지 워싱턴George Washington이 델라웨어Delaware 강을 건넜는지를 묻는 것과 같은 현대적인 역사 감각에서 나온 것이기 때문이다. 이러한 입장에서 보는 한은 거의 불충분한 대답밖에 할 수 없다.

a. 이처럼 불충분한 대답밖에 할 수 없는 중요한 이유는 우리가 계승해 온 신약성서 가운데 예수의 언행을 전하는 작품이 네 편이 있고 게다가 각각의 기술이 다르기 때문이다. 물론 세부사항에 이르기까지 일치하는 기술도 많이 포함되어 있지만 일치하지 않는 점도 적지 않다.

공관복음서(마르코, 마태오, 루가 복음서)와 요한 복음서의 차이는 특히 두드러진다(예를 들면, 예수가 선교중에 예루살렘에 갔던 것은 한 번뿐이었는지 아니면 여러 번이었는지? 예수가 사형에 처해진 것은 과월절이었는지 그 전날이었는지? 등과 같은 상이점을 찾아볼 수 있다).

더욱이 요한 복음서에 **"이런 일들을 기록한 것은 여러분이 예수는 그리스도요 하느님의 아들이심을 믿고, 또한 믿어서 그분의 이름으로 생명을 얻게 하려는 것이다"**(20,31)라고 기록되어 있는 것처럼 복음서는 분명히 위 질문(제1문)과는 다른 취지에서 씌어졌다.

그리고 요한 복음서 안의 예수의 말투는 공관복음서의 말투와는 사뭇 다르다. 요한에 있어서는 길고 장중한 어조의 설교, 상징적인 표현, **"나는 … 이다"**라는 형식, 그리고 **아버지**에 관한 언급이 많이 나타나는 반면 비유 이야기는 거의 없다. 또한 요한 복음서에 나타나는 예수의 선교활동에 관한 에피소드도 공관복음서와 일치하는 것은 극히 조금밖에 없다. 예수의 선교활동 개시기에 있어서 세례자 요한과의 관계(세부사항이기는 하지만 중요한 점에서 일치하지 않는 경우도 있다. 요한 3,26; 4,2). 가파르나움에서 왕궁 관리의 아들의 병을 낫게 하신 이야기(요한 4,46-53), 빵을 많게 하신 이야기(요한 6,5-13), 호수 위를 걸으신 이야기(요한 6,16-21), 그밖에 극히 적은, 별로 중요하지 않은 대목을 제외하면 예수의 예루살렘에서의 마지막 날들의 기술까지 요한 복음서와 공관복음서간의 공통점은 거의 나타나지 않는다(만일 요한 복음서밖에 없었다면 우리는 어떠한 예수상像을 가졌을까? 예수의 인간성에 관해 얼마나 알았을까?).

b. 공관복음서 자체 안에는 공통점이 많이 나타나고 이 공통점이야말로 사실의 핵심이라고 생각하기 쉽다. 그러나 거기에도 많은 차이점이 있고 이들 대부분도 "정확한 사실史實"을 살필 경우에 중요한 의미를 가지고 있다. 몇 가지 예를 들어보자. 마태오 및 루가 복음서 내의 예수의 유년설화 사이에는 서로 받아들일 수 없는 차이가 나타난다. 전자에서는 태어날 아기에 관한 고지가 요셉에게 행해지는 데 반해서 후자에서는 마리아에게 행해지고 있다. 그리고 실제로는 요셉과 마리아 양쪽에 고지됐다고 해석하는 것은 혼란을 증대시킬 뿐이다. 그리고 마태오 복음서 2장의 이야기와 루가 복음서 2장의 그것과의 차이도 크다. 더욱이 양 복음서 안의 이혼 금지에 관한 예수의 말씀, 예외를 인정하는 것과 인정하지 않는 것과의 차이, 주의 기도 안의 청원의 횟수(마태오는 7회. 루가는 5회), 산상(평지)설교의 문장 첫머리에 씌어 있는 행복의 수(마태오에서는 8회, 루가에서는 4회) 등도 차이가 난다. 또한 문제가 많은 마르코 복음서의 마지막 장도 주목할 만하다. 즉, 마르코 복음서는 비어 있는 무덤이 기술된 16,8에서 끝나고, 부활한 그리스도가 제자들 앞에 나타난 이야기는 애초에는 없었는지도 모른다. 결론적으로 말하면 정확한 사실의 기술이라는 관점에서 보는 한은, 공관복음서 이야기를 사실의 기술에 가장 적합한 예라고 간주할 수 없다.

c. 더욱이 설령 예수의 실제 언행을 네 복음서에 공통적으로 나타나는 것에 국

한해서 본다고 해도 문제는 역시 여전히 남는다. 이것도 한편으로는 논의의 범위를 수난설화의 주요한 부분, 즉 예수와 제자들과의 최후만찬, 예수의 체포, 십자가, 죽음, 매장 그리고 비어 있는 무덤 이야기에 국한하는 것이 되고, 또 한편으로는 예수의 선교활동에 관한 기술 중에 몇 가지를 제외하면 **예수 전승의 대부분이 내용상 일치하는 경우도 있고 그렇지 않은 경우도 있는 것처럼 기술 방법도 각기 다르다**[예를 들면 베드로의 예수께 대한 신앙고백인데 (이것도 기술방식이 일치하지 않는다. 아래 제14문 참조)].

d. 공관복음서 안에는 예수의 선교에 관한 기술 가운데 일치하는 부분이 있다는 사실에서 그러한 기술의 상호의존 관계를 묻게 된다. 그리고 또 그러한 기술이 요한 복음서의 기술보다 더욱 정확하고 신뢰할 수 있는지 여부의 문제도 야기된다. 공관복음서 상호간의 문제, 즉 마르코, 마태오, 루가 사이의 불일치 가운데 일치하는 문제에 대해서 어떻게 해석하든 세 복음서의 상호의존성을 부정하는 사람은 오늘날 아무도 없다.

공관복음서간의 불일치에 관한 문제의 가장 일반적인 해결 방법은 소위 **두 문서설**, 또는 **수정된 두 가지 자료설**이다. 전자는 루가와 마태오의 편찬에 마르코와 그외에 또 하나 Q(독일어의 Quelle "원천"의 머릿글자를 취한 것으로 마태오와 루가에 공통으로 나타나면서 마르코에는 나타나지 않는 약 230절의 원자료로서 상정된 그리스어 자료를 가리킨다)가 사용되었다고 하는 가설이며, 후자는 위에서 언급된 두 자료가 사용되었음을 인정하는 동시에 루가에는 그 위에 L이라는 기록된, 또는 구전된 독자적인 자료가 있었으며, 더욱이 마태오에게도 M이라는 독자적인 자료가 따로 있었다고 본다.

그러나 두 가설 모두 마태오와 루가의 대개의 공통 부분이 마르코에 근거하고 있음을 인정한다. 만약 18세기 학자 그리스바흐J. J Griesbach의 마르코가 마태오와 루가의 요약이라고 하는 설 — 매우 많은 문제가 있는 해결책이지만 — 을 따르더라도 똑같은 의존관계를 적어도 암암리에 인정하는 것이 된다. 그리고 사비에르 레옹 뒤푸르X. Léon-Dufour와 브와마르M.-E. Boismard와 같은 금세기 프랑스의 석의학자에 의해서 제안된 다른 해석도 세 복음서의 상호의존성을 어떠한 형태로든 인정하고 있다.

　오늘날 공관복음서가 각기 독립된 구전에 의해서만 생겨났다고 생각하는 사람은 단순한 근본주의자들 이외에는 아무도 없을 것이다. 그러나 만일 세 복음서가 서로 의존하고 있다면 세 복음서간의 차이는 그들 복음서 모두가 사실을 정확히 전하고 있지 않음을 나타내는 것이 된다. 즉, 전승된 자료 중에서 편집할 때 가필, 개정 등 편집자의 손이 가해진 것이다. 그것도 사실史實에 대한 배려라는 것 이외의 이유에 의해서이다.

e. 그러나 과거 몇몇 해석학자들(J. M. Allegro, R. Augstein 등)과 같이 예수에 관한 복음서의 기술을 모두 창작이라고 하는 사람은 오늘날 하나도 없다. 사실, 공관복음서와 요한 복음서 양쪽 모두 그 배후에 사실史實에 입각한 전승이 흐르고 있음을 부인할 수 없다. 단 현대 해석학자들의 관심은 양쪽 전승 속에 감추어져 있는 예수에 관한 유산을 파악하는 데 있는 것이다.

f. 초기 그리스도교 전승의 기술이 다양하다는 사실은 예수의 사적事蹟을 있는 그대로 기록하는 것이 기술의 유일한 목적이 아니었음을 나타낸다. 사실史實 그 자체와 그것이 씌어지기까지는 **예수에 관한 설교나 구두 또는 문서에 의한 전승 등이 이루어졌던** 적어도 30년의 세월이 개재해 있다. 그 시기에 행해지던 설교·전승은 예수가 실제로 말씀하신 것, 행하신 것에 관한 회상을 포함하고 있지만 동시에 그에 관한 당시 사람들의 인식, 묵상, 부활한 그리스도에 대한 신앙, 형성되고 있는 그리스도관, 더욱이 그 시절 교회 내부 문제, 또는 그리스도 교회와 유다 교회의 논쟁, 선교활동 그리고 박해 등의 영향을 받지 않을 수 없었다.

　이러한 사실은 반드시 기록의 정확성을 방해하는 것은 아니지만 결과물인 복음서가 그 개수도 네 개이고, 또 강조점이 각기 다르다는 점을 감안해도 복음서가 원래 정확한 사실의 기술을 의도한 것이라고는 도저히 생각할 수 없다.

위에 열거한 외적인 상황들이 성서 기술에 그 영향을 끼쳤음이 복음서 여기저
기에 분명하게 드러나고 있으며 그 흔적들은 복음서가 사실史實을 전하는 것과
는 다른 목적으로 쓰여졌다는 인상을 강하게 받게 한다. 비록 루가 1,1-4 또는
요한 20,31에서 **확실성**_asphaleia_을 강조하고 있지만, 그 복음서들에서조차 앞서
말한 복음서 **기술의 목적**이 사실史實 전달에 있지 않음을 감지할 수 있다.

우리가 역사의 예수에 관해서 알고 있다고
주장할 수 있는 부분이 얼마나 되는가?

역사상의 인물로서 나자렛 예수에 관해서 우리가 정보를 입수할 수 있는 자료는 제한되어 있다. 그래서 역사적 예수, 즉 현대의 역사적 연구가 예수에 관해서 되찾을 수 있는 것은 "역사의 예수"의 실제 모습 중 일부에 불과하다. 나자렛 예수 또는 실제의 "역사의 예수"는 팔레스틴 유다인으로 일생을 보냈으며 그의 언행의 많은 부분은 현대의 역사적 연구로는 접근할 수 없다. 그에 관해 재현할 수 있는 것은 "역사적 예수"의 모습을 그려내는 것이다. 그러나 "역사적 예수"는 간단히 "역사의 예수"와 동일시할 수 없다.

현대 역사가들은 "역사적 예수"의 모습을 재현하는 데 제한된 자료를 사용한다. 그것은 성서 이외 문서의 몇 가지 기술, 후세에 편찬된 신약성서 외경 속에 있는 몇 가지 자세한 기술, 정경 복음서 이외의 신약성서 기록 속에 나타나는 단편적인 정보, 거기에 정경 복음서 자체 안에 포함되어 있는 충실하다고 생각되는 전승이다.

a. 신약성서와 직접 관계가 없는 고대에 저술된 성서 이외의 글 가운데 예수에 관해 기술한 것은 다섯 손가락으로 셀 정도밖에 안된다. 로마의 역사가 타치투스Tacitus(56?~116?)는 "유해한 미신"의 창시자인 **그리스도**에 관해서 몇 줄을 할애하고 있으나 그것도 네로 황제의 로마 방화와 관련해서 그리스도인에 대해 언급하고 있다. 다시 티베리우스Tiberius의 치세 때 그리스도가 총독 본시오 빌라도Pontius Pilatus에 의해 사형에 처해졌음을 이야기하고 있다(『연대기』 15장 44.3).

그리고 수에토니우스Suetonius(69?~?)는 49년경 그레스투스Chrestus(당시에 그리스어의 e를 i처럼 발음하는 경향이 있었는데 아마 그것이 역으로 작용하여 **그리스투스**Christus가 "**그레스투스**"Chrestus로 와전되었다고 생각된다)에 의해 선동되어(유다인과 유다 그리스도인간에) 소동이 일어났기 때문에 클라우디우스Claudius 황제에 의해 유다인이 로마에서 추방된 것을 말하고 있다(*Vita Claudii* 25,4).

그리고 유다인 역사가 플라비우스 요세푸스Flavius Josephus(38~100?)는 그의 저서 **『플라비우스의 증언』**_Testimonium Flavianum_ 가운데서 예수에 관해서 "참으로 그를 사람이라고 불러야 한다면 그는 현인賢人이다"라고 말하고, 또 "우리들 가운데 최고의 지위에 있는 사람들로부터 규탄의 소리를 듣고" 빌라도가 처형한 사람이라고 쓰고 있다(『유다고대사』 18.3.3 §63-64. 93~94년경의 기록). 이 기사는 전부 또는 적어도 일부는 요세푸스의 저작의 주석에 종사한 그리스도인이 삽입한 것으로 믿고 있다. 그러나 같은 자료의 삽입되지 않은 다른 대목에서도 "그리스도라고 불리는 예수의 형제" 야고보의 처형에 관해 말하고 있다.

다시 소 플리니Pliny(61~112)는 그와 동시대의 비티니아Bithynia(소아시아)의 그리스도인이 **"마치 하느님께 대한 것처럼 그리스도에 대해서"** 찬가를 부르는 것을 목격하고 있다(Christo quasi deo, in *Ep.* 10.96.7).

그리고 순회교사이며 소피스트Sophist파의 웅변술 교사였던 사모사타Samosata의 루치안Lucian(120~180?)은 본래 견유파에 속했다가 잠시 그리스도인이 된 다음 다시 견유파로 돌아간 페레그리누스Peregrinus의 죽음에 대해서 말하고 있다. 그에 의하면 페레그리누스는 한때 팔레스틴의 그리스도인 "사제 및 학자"와 어울리고 **"그들의 경전 몇 개를 주석·강의했으며 그리스도인들이 지금도 존경하고 있는 사람, 즉 '(인간의) 삶에 새로운 신앙을 가져왔다는 죄목으로 팔레스틴에서 십자가에 달린 사람' 다음으로 존경받았다"**는 것이다(*De morte Peregrini* 11). 루치안은 또한 예수를 **"인간은 서로가 형제이다"**(아마 마태 23,8을 가리킨다)라는 것을 사람들에게 가르친 그리스도교의 **"최초의 입법자"**로 간주하고 그리스도인을 **"십자가에 달린 현인을 신앙하고 정해진 율법에 따라 살아가는 사람들"**이라고 한다(同 13).

끝으로 바빌론 탈무드Babylonian Talmud(*Sanhedrin* 43a)의 한 바라이타*baraita*(Mishnaic 전승에 "외부에서" 부가한 것)는 마술을 행하고 이스라엘을 배교로 이끌었고 제자들을 데리고 있었으며 **"과월절 전날 십자가에 달린"** 예수Yeshu에 관해서 이야기하고 있다. 이러한 성서 밖의 기록은 밀어를 사용했기 때문에 암시적이거나, 또는 개찬되어 있어서 문제가 많다. 설령 이런 점을 충분히 참작한다 해도 이렇게 신약성서와 무관하게 씌어진 이러한 기록은 우리가 주로 정경 복음서의 그리스도 수난 이야기를 통해서 알고 있는 몇 가지 세부사항; 즉 예수가 티베리우스 황제 치하에서 빌라도의 손에 의해서 처형된 것, 그와 동시에 팔레스틴 유다인 지도자가 그의 처형에 관여했던 것, 그들에게는 몇 명의 제자가 있어서 그들로부터 **"그리스도"**, 입법자, 새로운 삶의 창시자, 더욱이 **"신과 같은 사람"**(quasi deo)으로서 추앙되었다는 것 등을 뒷받침해 주는 데 지나지 않는다.

b. 4세기의 곱틱Coptic어판 성서(J. M. Robinson [dir.], *The Nag Hammadi Library in English* [3rd ed.; San Francisco: Harper & Row; Leiden: Brill, 1988] 124-38 참조) 및 2,3세기 그리스어 단편 안에 있는 외경 **토마스**Thomas **복음서**는 대부분이 다만(신약성서의 셈족의 배경에 관한 나의 논문 *Essays on the Semitic Background of the New Testament* [London: Chapman, 1971; re-printed, Missoula, MT.: Scholars, 1974] 355-433 참조) **"예수는 말하였다"**라는 표현으로 시작된 114개의 말을 예수가 한 말로 돌렸다. 그러나 대충 연결되어 있는 이러한 말의 대부분이 실제로는 정경 복음서보다도 후대에 씌어졌고 분명히 정경 복음서에 근거하고 있다. 때로는 영지주의적인 관심이나 주장에 의해서 원래의 확실한 근거가 상실될 수도 있겠다. 그렇지만 외경 복음서에 나오는 예수의 말이나 비유 이야기 중 어떤 것은 정경 복음서보다도 오래된 형태를 띠고 있기도 한다. 즉, 정경 복음서를 편찬할 때 기자들의 관심을 반영해서 가필된 것이 이 외경 복음서에는 나타나지 않는다(예를 들면 어록*Logion* 64를 마태 22,1-14; 루가 14,16-24와 비교해 보라). 그러나 **더 오래된** 것이 **더 신빙성이 높은** 것을 의미하는 것일까? 물론 가능하긴 하지만 확실히 말할 수는 없다.

c. 신약성서 가운데 복음서 이외의 부분에도 예수의 초기 생활이나 선교활동에 관한 자세한 기사가 있고 어떤 것은 복음서보다 더 일찍 씌어져서 복음서에 근

거하지 않는 것도 있다〔나는 여기서 사도행전에 기록된 것을 말하는 것이 아니다. 그 기술의 대부분은 루가의 제1서(루가 복음서)를 반복하고 있을 가능성이 충분히 있기 때문이다〕. 가장 오래된 복음서인 마르코 복음서보다도 더 빨리 씌어진 진정한 바울로 서신은 예수의 죽음, 매장, 부활, **부활한 주님**으로서 제자들에게의 출현 등에 관한 복음선포(*kerygma*, 1고린 15,3-5)뿐만 아니라 예수가 **"배신당한 밤"**, 제자들과 함께한 후에 **"수난"**(필립 3,10), **"십자가"**(1고린 1,17-18; 필립 2,8), **"십자가에 달림"**(갈라 2,20; 3,1; 1고린 1,23), **"죽음"**(1데살 5,10; 1고린 11,26; 로마 6,3) 그리고 **"매장"**(1고린 15,4; 로마 6,4) 등에 관해서도 우리에게 정보를 제공해 준다. 그리고 예수가 **"나무 위에 매달린"** 것에 관한 암시가 있고(갈라 3,13), 더욱이 바울로는 그가 이전에 속했던 파의 사람들을 심하게 비난하면서 **"이 유다인들이 주 예수를 죽였다"**고 말하고 있다(1데살 2,14-15). 그리고 바울로는 예수의 몇 가지 말, 즉 이혼 금지(1고린 7,10-11), 성찬례(1고린 11,23-25) 및 종말(1데살 4,15)에 관한 말도 알고 있다.

또 제2 바울로 서신일 가능성이 있는 골로사이인들에게 보낸 편지에서는 예수가 십자가에 "못박힌 것"을 간접적으로 기술하고(골로 2,14), 그리고 분명히 제2 바울로 서신인 디모테오에게 보낸 첫째 편지에서는 예수가 빌라도 앞에 끌려간 것을 언급하고 있다(6,13. 이 밖의 1베드 2,24; 사도 5,30; 10,39; 13,29와 비교하자. 히브 6,6; 13,12도 참조). 복음서 이외의 이러한 기록에서 주목해야 할 것은 정경의 수난설화를 뒷받침하는 내용은 많은 반면 그의 생애의 다른 장면에 관해서는 예수의 말을 몇 가지 기록할 뿐 거의 언급하지 않는다는 점이다(D. L. Dungan, *The Sayings of Jesus in the Churches of Paul*, Philadelphia: Fortress, 1971 참조).

d. 정경 복음 가운데 예수의 언행에 관해서 기록된 것을 생각할 때 위의 제1문에서 신약성서에 관해 기술한 것을 상기하기 바란다. 즉, 신약성서는 정확한 사실을 전한다는 것과는 다른 목적으로 씌어진 것이다. 복음서는 본래 신앙의 증언이며 포교를 목적으로 씌어진 것인 이상 나자렛 예수의 지상생활, 선교활동을 있는 그대로 기록하는 것을 의도한 것이 아니다. 사실 예수의 용모, 일상의 동작 또는 그때그때의 의식에 관해서는 거의 아무것도 말하고 있지 않다.

정경 복음서는 예수의 사후, 적어도 30년 정도 지나서 씌어진 이상 이것을 예수의 의식을 직접 반영하고 그의 성격에 관해서 직접 증언하는 제1차 자료로 간주할 수는 없다. 그것을 녹음한 테이프 혹은 그가 말한 것을 적어놓은 속기록이나 그의 행동을 촬영한 영화와 똑같이 생각할 수는 없다는 것이다.

e. 20세기에 복음서를 읽는 사람은 그 안의 기록에 입각해서 역사의 인물로서의 예수의 정신분석을 꾀하거나 그의 의식을 생각하려고 하는데, 흔히 그러한 시도에 내포되어 있는 문제를 흔히 모르는 것이다. 나자렛의 예수보다도 다르소의 바울로의 정신분석을 하는 편이 더 쉬운 것이다. 이는 바울로가 직접 쓰고, 더욱이 그 성격이 잘 반영되어 있는 편지가 적어도 몇 통 남아 있기 때문이다.

　이에 반해서 예수가 쓴 것은 "손가락으로 땅에", 아마 모래 위에 썼다고 말하는 것밖에는 없다(요한 8.6.8.). 더욱이 그것이 무엇에 관한 것이었는지는 요한도 기록하려 하지 않았다. 그리고 예수의 생존중 그에 관해 씌어졌다고 일컫는 유일한 것은 십자가에 내걸린 죄목명의 신분뿐이며 그것도 복음서마다 글의 내용이 다르다(마르 15.26; 마태 27.37; 루가 23.38; 요한 19.19).

f. 그러나 현대 복음서 해석학자의 대부분은 예수의 선교활동의 몇 가지 장면, 몇 가지 말(그 대부분은 서로 관련이 없는 독립된 말이나 비유 이야기인데) 그리고 수난 이야기의 핵심 부분은 역사적 사실로서 인정해야 한다고 생각한다. 그러나 이러한 사실을 기록한 대목이 편집자의 손에 의해서 각색되었는지 여부를 하나하나 검토할 필요가 있다. 예수의 말이라 할 수 있는 신빙성을 판단하는 데는 몇 가지 소거법적消去法的인 기준이 널리 받아들여지고 있다. 예를 들면 분명히 구약성서나 당시 유다교에 기초하지 않는 것, 또는 예수 이후의 초기교회 내의 논쟁, 결의론決疑論 등을 반영하고 있지 않은 것을 예수 자신의 가르침이어야 한다는 것이 그것이다. 이밖에도 그 정도로 넓게 받아들여지고 있지 않지만 서로 독립된 복수의 증언(예를 들면 이혼에 대한 예수의 훈계에 관한 바울로 서신과 공관복음서의 기술)이나 종말론

적인 회개에 관한 뉘앙스를 지니고 있는 예수의 가르침 등이 예수 자신의 가르침으로 인정하는 기준으로 제안되었다.

이러한 기준들은 일반적으로 말해서 예수의 가르침의 **최소한**의 것, 즉 절대적으로 역사적 사실로 인정할 수 있는 부분을 추려내는 데에 도움을 준다. 그런데 이 기준들조차도 결정적인 것이라고 말하기 어렵다. 예수가 실제로 가르쳤다는 내용을 구약성서나 다른 유다인 교사들이 전혀 가르치지 않은 그야말로 예수 자신의 것이라고만 단정지을 수는 없기 때문이다. 그러나 위에 말한 여러 가지 기준에는 신약성서 안의 예수의 말씀이나 가르침이 제시하고 있는 문제를 진지하게 해결하고자 하는 현대의 학자들의 진솔한 노력이 담겨 있다 하겠다.

g. 역사적 예수에 관해 이미 알려진 것을 정리하면 대충 다음과 같다. 그는 팔레스틴 출신의 유다인이며, 목수 요셉과 혼인한 마리아라고 불린 여성의 아들로서 헤로데 대왕(기원전 37~서기 4)의 말년에 태어나 갈릴래아의 나자렛에서 자랐다. 그후 티베리우스 치세 15년(28년)경에 선교활동을 시작했다. 그 해는 그의 선교와 깊은 관계가 있는 세례자 요한이 선교를 시작한 해이기도 하다. 적어도 예수의 선교활동 초기에는 활동 중심이 갈릴래아의 가파르나움이었지만 거기에 국한된 것은 아니었다. 그는 본시오 빌라도의 재임중(26~36), 그리고 대사제 가야파의 시대(18~36) 갈릴래아의 헤로데 안티파스Herod Antipas의 영내에서 선교했다. 헤로데 안티파스는 세례자 요한을 투옥하고 처형한 인물이다. 예수의 선교활동 기간은 확실치는 않으나, 적어도 3년간은 계속되었으리라 생각된다(이것은 요한 2.13.23; 6.4; 11.55에서 제시돼 있는 3년의 과월제에서 판단한 것인데 요한 복음서의 기사가 선교기간중의 과월제를 모두 본 것도 아니고, 또 공관복음서는 단 한 번의 과월제에 관해서만 기술하고 있을 뿐이다).

예수는 팔레스틴 출신의 유다인 종교가로서 당시의 유다교의 종교적·도덕적·묵시적인 사상의 영향을 받았지만 때때로 여타의 유다교 교사와는 의견을 달리하였다(유다교 성전에 대한 태도, 모세의 율법, 안식일을 지키는 일, 그밖의 조상으로부터 받은 전승에 대한 태도의 차이 등이 그것이다. 예수의 설교나 가르침 하나하나의 주제에 대해서는 다음에 기술하는 제10문과 제11문을 참조하라).

여타 유다인 교사와 예수 사이의 의견 차는 바리사이인, 사두가이인 교사, 더욱이 유다 민족의 히브리 성서의 해석자를 자인하고 있던 그밖의 사람들 사이에서 특히 첨예하게 나타났다. 예수는 자기 주위에 일단의 제자들, 또는 신봉자를 모았다. 그 가운데 중심 인물은 요나의 아들 시몬, 그의 동생 안드레아, 제베대오의 두 아들, 요한과 야고보였다.

예수는 이 제자들 가운데 열두 사람과 특히 긴밀한 관계를 유지하고 활동에서도 협력을 얻었는데, 선교활동중에 그들이 다른 신봉자들과 어떠한 관계를 맺고 있었는지에 관해 자세히 알 수 없다. 그들을 위해 예수가 그들에게 분명한 생활방식을 정해주었는지 여부에 대해서도 확실히 말할 수 없다.

신약성서 안에서 **"열두 제자 중의 하나"**인 갈리옷 사람 유다의 이름을 기술할 때마다 보이는 분명한 혐오(마르 14.10.30.43; 요한 6.70-71; 더욱이 마르 3.14.19; 마태 10.2.4; 루가 6.13.16 참조)는 선교활동을 위해 예수가 몸소 열두 제자들을 선택한 것을 웅변적으로 이야기하고 있다.

선교활동을 계속하는 가운데 예수는 곧 예루살렘에 가게 되었고, 어느 과월절 무렵 갈리옷의 유다의 내통으로 체포되었다. 그리고 예루살렘의 유다인 지도자의 심문을 받은 다음 유다의 로마인 총독 본시오 빌라도 앞에 끌려나와 사형선고를 받고 시외에서 십자가에 달려 묻히게 되었다. 며칠 후(사흘 후) 일요일에 그의 무덤이 비었음이 발견되었다. 그리고 얼마 안되어서 예수의 제자들 중 어떤 사람이 예수가 죽은 자들 가운데서 **"부활"**하여 살아 있는 모습으로 제자들 앞에 나타났다고 보고했다(1고린 15.4). 고린토인에게 보낸 첫째 편지 15장 5-7절에는 부활한 예수에 관해 두 개의 증언 목록을 열거하고 있다. 하나는 우선 게파(루가 24.34에서도 첫번째 증인)에게 나타나고 다음으로 열두 제자에게, 그리고 이어서 오백 명이 넘는 사람들 앞에 나타났다고 하며 또 다른 목록은 야고보에게 그 다음에는 사도들에게 나타났다고 전한다.

h. 신약성서의 첫번째 기자인 다르소의 바울로는 역사적 예수의 선교활동을 근거로 자신이 전하는 **"복음"**을 쓰고, **"이방 민족들의 사도"**(로마 11.13)로서 자신

의 성소를 보도하고(갈라 1.12.16) 그리고 그리스도인을 **"그리스도의 몸"**이라고
보는 자신의 내적 통찰을 피력했다(1고린 12.27-28). 그렇지만 그 역사의 예수는 바
울로에게 있어서는 이미 **"우리 주 예수"**가 되어 있었던 것이다.

위경 복음서는 우리에게 나자렛 예수에 대해 무엇인가 중요한 것을 전해주는가?

위경 복음서는 이따금 예수에 대한 얼마간의 원시적 전승을 보존하고 있기는 하지만 대체로 그들은 정경 복음서 전승의 상상적인 산물에 불과한 것이다.

a. 일반적인 의미의 "위경"僞經(Apocrypha)이란 정경 신·구약 성서에서 생겨난 문서 또는 저작을 말한다. 위경이라는 명칭은 "감추어진" 또는 "덮어 가리워진"이라는 뜻이며, 그 말은 옛날에 유다인이나 그리스도인이 성서라고 생각하지 않은 신·구약 성서와 관련된 문서 또는 저작을 가리키는 데 사용되었다. 그들은 관행(또는 사용)에서 "감추어진" 것이어서 정식 또는 정경 복음서로 여겨지지 않았다. 그들은 유사類似 성서적 문학의 일종으로 성서 책들과 나란히 생기거나 또는 그것에서 나온 것이다. 구체적인 의미에서 "위경"은 프로테스탄트 전승의 그리스도인들이 구약성서의 일곱 권에 대해서 사용한 명칭인데 로마 가톨릭에서는 그것을 흔히 "제2경전"(deuterocanonical), 즉 제2차적인 뜻에서의 정경이라고 부른다. 그것은(집회서Sirach를 제외하고는) 그들 대부분이 그리스어로만 보존되었기 때문이다. 또한 위경 구약성서 저작들(에녹 일서1Enoch, 희년서Jubilees, 열두 성조의 계약서)이 있는데 그들은 정경 구약성서 문서들 안에 있는 생각이나 주제를 발전시킨 것이다. 마찬가지로 신약성서의 모방 또는 관련된 문서들, 즉 위경 복음서·위경 행전·위경 서신 그리고 위경 묵시록이 있다.

b. 위경 복음서는 대체로 나자렛 예수의 선교활동과 생애에 근거한 복음서 전승의 산물이다. 그 전승은 어느 정도 다음과 같이 발전하였다. 즉, ① 그것은 복음선포(kerygma), 1고린 15,3-5 또는 사도 2,36과 같은("여러분이 십자가형에 처한 이

예수를 주님과 그리스도로 삼으셨습니다") 그리스도 사건에 관한 원시 그리스도인의 선포로 시작되었다. 그리고 ② 마르 14,1 - 16,8과 같은 원시 수난설화가 발전하였고, ③ 마르 1,1 - 16,8과 같이 원시 복음서, 즉 세례자 요한의 세례로 시작된 선교설화가 붙어 있는 수난설화 그리고 ④ 정경 마태오나 루가 그리고 그들과는 독립된 것이나 비슷한 요한 복음서와 같이 마르 1,1 - 16,8 그리고 유년기 설화 또는 예비적 머리말이 더해진 것에 근거한 더 완전한 복음서 그리고 마지막으로 ⑤ 위경 복음서인데 정경 네 복음서를 모방하고 예수의 생애와 선교에 대한 초기 구전전승에서 나왔을지도 모르는 믿을 만한 세부사항, 그러나 주로 정경 복음서의 빈틈을 채우려고 한 상상적 세부사항으로 이루어진 것이다.

c. 위경 복음서 가운데 다음과 같은 문서들이 있다.

① 「토마스에 의한 복음서」*Gospel according to Thomas*, 이것에 대해서는 이미 제2문 b(*NHLE*, 124-38 참조)에서 언급하였다.

② 「야고보의 최초의 복음서」*Protevangelium Jacobi*는 2세기말 것으로 추정되고, 이것은 원시적이고 믿을 만한 전승에서 나온 하찮은 것으로 채워졌다. 아마 이것은 상상적인 추측에서 나온 것일 것이다. 우리는 이 문서에서 예수의 어머니 마리아의 생애와 그녀의 부모의 이름(안나와 요아킴), 그녀의 성전 봉헌 그리고 이전의 결혼에서 자녀를 둔 중년이 지난 그녀의 남편 요셉과의 결혼 등에 대해 알 수 있게 된다(*HSNTA*, 1.371-88 참조).

③ 「베드로의 복음서」*Gospel of Peter*는 150년경의 것으로 추정되고, 확실히 시리아에서 생긴 것이다. 이것은 예수의 재판, 죽음 그리고 부활에 대한 자세한 이야기로 가득 차 있다(*HSNTA*, 1.179-87 및 제18문 참조).

④ 「진리의 복음서」*Gospel of Truth*는 지식에 관한 복음서로 발렌티누스*Valentinus* 학파와 관계가 있고, 140~180년경에 만들어졌다. 이것은 예수 그리스도의 구원사업에 대해 묵상하고, 하느님 아버지께 대한 지식이 이 지상생활에서 모든 무지와 인간 조건을 소멸시킨다는 것을 강조하는 강론이다. 그리고 예수의 선교, 행위, 가르침, 죽음 또는 부활에 대한 설화를 담고 있지 않다(*NHLE*, 38-51 참고).

⑤「논쟁자 토마스의 복음서」*Gospel of Thomas the Contender*는 3세기 전반의 것으로 추정되고, 시리아의 에데싸Edessa에서 생긴 것이다. 이것은 정경적인 뜻에서의 복음서가 아니라 예수의 "쌍둥이고 진정한 친구"라고 불린 유다 토마스Jude Thomas와 부활한 그리스도와의 대화이다. 이것은 구세주의 "은밀한 말씀"을 털어놓으려는 것인데 사실은 전형적인 누설대화이다(*NHLE*, 199-207 참조).

⑥「필립보의 복음서」*Gospel of Philip*는 3세기 후반부의 것으로 추정된다. 아마 시리아에서 생긴 것일 성싶다. 이것에는 예수의 생애와 선교에 대한 설화는 없고 예수의 몇 가지 행동과 이야기를 자세히 설명하고 있다(열일곱 개의 이야기 가운데 아홉은 정경 복음서에 있는 이야기와 유사한 것이다). 이것은 성사의 의미와 가치에 관한 진술들을 수집한 것으로서(*NHLE*, 139-60 참조), 발렌티누스 파의 영지적 체계에서 영향을 받았기 때문에 성사를 신방에 비유하고 그곳에 들어갈 수 있는 사람(자유인, 동정녀)과 들어갈 수 없는 것(동물들, 노예들, 순결을 빼앗긴 여인들)을 구별한다.

⑦「이스라엘의 철학자 토마스의 유년기 복음서」*Infancy Gospel of Thomas the Philosopher of Israel*는 2세기말의 것으로 추정되고, 이방인 그리스도인이 쓴 것이다. 이것은 그의 나이 다섯 살과 열두 살 사이의 어린 예수의 놀라운 행동들을 이야기하고 있다(예를 들면, 흙으로 참새를 빚어 만듦으로써 안식일을 모독한 행동. 그 흙으로 빚은 참새들에게 손뼉을 치며 "꺼져라" 하니 살아서 날아갔다). 이것은 예수가 열두 살에 예루살렘을 방문한 루가의 이야기로 끝난다(*HSNTA*, 1.388-401).

⑧「이집트인들의 복음서 I」*Gospel of the Egyptians I*는 대개 3세기의 것으로 추정된다. 이것은 알렉산드리아의 클레멘트Clement의 문집 『스트로마테이스』*Stromateis*와 에피파니우스Epiphanius의 저서 『파나리온』*Panarion*의 여러 단편 안에서 알려진 것이다. 그들은 자기 절제자(Encratite)였던 것 같고, 결혼과 자녀의 출생을 논하고 있다(*HSNTA*, 1.166-78 참조).

⑨「이집트인들의 복음서 II」*Gospel of the Egyptians II*는 대개 3세기의 것으로 추정된다. 이것은 세트인Sethian의 영지적 신화학을 제의한 곱트의 영지적 복음서Coptic gnostic gospel이다. 이것은 세트Seth를 영지주의자들의 아버지로 묘사하고 또 그의 생애와 구원사업(특히 세례를 통한)을 기술하고 있다(*NHLE*, 208-19 참조).

⑩ 그밖의 단편적인 외경 복음서들, 즉「마리아의 복음서」*The Gospel of Mary*([Mag-dalene] *NHLE*, 523-7),「나자렛 사람들의 복음서」*The Gospel of the Nazaraeans*(*HSNTA*, 1.139-53),「에비오나이스Ebionites(초대교회의 유다교법을 지키는 학파, 교부들은 이를 이단시했음)의 복음서」*The Gospel of the Ebionites*(*HSNTA*, 1.153-8),「히브리인들의 복음서」*The Gospel of the Hebrews*(*HSNTA*, 1.158-65), 그리고「열두 제자의 복음서」*The Gospel of the Twelve*(*HSNTA*, 1.263-71).

d. 현대의 몇몇 학자들의 주장에도 불구하고 이러한 위경 복음서는 나자렛 예수에 대한 진정한 자료의 원천이 아니다. 그러나 그것들 안에 있는 자세한 사항들은 좀더 상세히 조사되어야 한다. 그것들 가운데 얼마는 믿을 만한 자료를 가지고 있을지도 모른다.

이상과 같은 방법으로 역사의 예수와 정경 복음서를 다루는 것은 그리스도교 신앙에 결국 손실이 되며 수세기 동안 이어져 내려온 성서 해석의 전통에 반기를 드는 것은 아닌가?

언뜻 보면 그렇게 생각되지만 역사적으로 보면 질문에 나타나 있는 연구 태도는 적어도 복음서나 신약성서의 비판적 연구가 최초로 시작된 르네상스 이후에 그리스도교계와 로마 가톨릭 교회 내에 존재하고 있던 성서 해석 방법의 산물이다.

a. 당시의 그리스도교 내부의 학문적 관심이 **원전으로 돌아가는**(ad fontes) 데 있었기 때문에 이와 같은 연구는 처음에는 그리스어 신약성서의 본문 해석에 집중되었다. 그러므로 한편에서는 라틴어의 불가타 성서보다도 당시 속속 발견되고 있던 고대 그리스어 성서의 사본을 중요시해야 한다든가 **공인 본문**Textus Receptus이나 오늘날 우리가 (열등한) 비잔틴 또는 코이네-본문 전승이라고 일컫는 것보다도 훨씬 훌륭한 그리스어 사본을 중시해야 한다든가 하는 주장들을 놓고 논의가 행해졌다. 오늘날 우리가 가지고 있는 원전비판을 거친 그리스어 신약성서가 가장 훌륭한 그리스어 사본에 근거하고 있다는 생각을 하면 당시의 논의가 얼마나 유치한 것이었는지 알 수 있다.

b. 그후 본문에 대한 비판적 논의는 신약성서가 씌어진 그리스어의 성격에 그 방향의 초점이 맞춰졌다. 성서 그리스어가 고전 그리스어와 분명히 다른(어떤 이는 "**질적**"으로 떨어진다고 주장했다) 이상 그것은 그리스도교의 "**하느님 말씀**"을 전하기 위해 특별히 성령의 인도에 의해서 씌어진 것인지 아니면 그리스어로 된 이집

트 파피루스 문서의 발견으로 서서히 밝혀지고 있던 헬레니즘의 그리스어로 씌어진 것에 불과한지 하는 것이 논의의 대상이 되었던 것이다.

c. 18세기말에 이르러 복음서의 비판적 연구는 자료비판 및 공관복음서의 상호 관계의 분석 등으로 옮겨졌다(그 단계에서 차례로 제시된 학설의 명칭에 대해서는 제1문 d 참조). 그것은 공관복음서가 종전에 흔히 생각했던 것처럼 이전의 어느 구전전승에서 각기 따로 뽑아낸 것이 아니었다는 사실이 밝혀졌기 때문이다.

d. 20세기 초엽 막다른 곳에 봉착한 자료비판은 공관복음서의 양식화樣式化한 문체와 하나의 복음서에서 다른 복음서가 생긴 역사적 결과를 확인하기 위한 양식사비판에 자리를 내주고 공관복음서 전승의 각 구성요소 하나하나가 연구의 대상이 되었다. 그리고 그 연구에서 예수의 말씀과 비유 이야기, 기적 이야기, 선언 이야기(선언 내지 금언金言을 함축하므로 전해져 온 이야기 제12문 참조) 그리고 예수 자신에 관한 이야기(본래 설화전승) 등의 여러 범주가 생겼다.

e. 다소 국소적이고 복음서 전체를 있는 그대로의 모습으로 파악하는 일이 적었던 양식사비판樣式史批判에서 다음 두 가지 해석 방법이 생겼다. 즉, 편집사비판編輯史批判과 구성비판構成批判이 그것이다. 전자는 복음서 전체를 대상으로 하고 기자들이 전대에서 이어받은 전승을 자신들의 문학적·신학적 경향에 맞도록 어떻게 변형시켰는지를 탐색하는 것을 목표로 하며, 후자는 기자들이 자신들이 쓴 이야기나 수집한 예수의 어록을 윤색하기 위해 자료를 어떻게 자유롭게 편집했는지 연구하는 것이다.

f. 복음서 해석의 영역에서 이러한 자료, 양식, 편집사 및 구성에 관한 비판적 연구가 행해지고 있는 동안 현대적인 문학비평도 진행되었다. 그것은 복음 기자들이 사용한 시적·수사학적·상징적·희극적 기법의 분석을 목적으로 한 것이었다. 이와같이 복음서 연구에서도 다른 유형의 문학작품, 특히 고대 고전(라

틴 및 그리스) 문학작품과 마찬가지로 근대 역사학과 문학에서 사용되고 있는 많은 방법이 활용되어 온 것이다.

g. 이러한 고도의 성서해석 방법이 교회사의 지난 세기에는 알려지지 않았음은 물론이다. 그것은 20세기에 이르러 우리가 르네상스나 계몽기에서 이어받은 문헌 연구방법에서 생겨난 것이다. 오늘날에는 더욱이 현대 대중매체(특히 「뉴욕 타임스」New York Times나 런던의 「타임스」The Times) 등을 통해 형성된 지적 경향에 의해서도 크게 조장되고 있다.

20세기의 해석학자들이 이전에는 알려지지 않았던 성서 해석의 열쇠를 오늘날에야 손에 넣게 되었다고 거만하게 주장하는 것은 아니다. 내가 지적하고 싶은 것은 다만 18세기 후반에서 19세기에 걸친 고고학, 파피루스학에서의 새로운 발견이 그 이전의 그리스도교 세계에는 알려지지 않았다는 것이다. 또한 고대 메소포타미아, 가나안, 이집트, 소아시아, 팔레스틴 등의 수많은 문헌에 접근하는 길을 열어준 것을 20세기의 학자들이 알게 되었다는 사실이다.

오늘날에는 하느님의 섭리에 의해서 근래 수세기 만에 발견된 이들 비교 가능한 문학과 이야기와 따로 떼어서 성서의 본문을 탐구하는 것은 이미 적절하지 못하다는 것을 우리는 알고 있다. 우리는 성서가 오랜 기간에 걸쳐 형성된 역사의 결실로서 다른 시대와 전통에 속한 여러 종류의 문서와 공통된 특징을 지닌 문서로 이루어져 있어서 마치 그것이 **흠정역 성서**(King James)의 형태로 갑자기 하늘에서 뚝 떨어진 것처럼 다른 고대 문헌과 분리해서 논할 수는 없다는 사실을 알고 있다.

h. 이상과 같은 신약성서의 비판적 연구에 입각해서 볼 때, 가장 중요한 사실은 복음서의 전승은 나자렛 예수에 대한 세 종류의 자료를 포함하고 있다는 인식과 그것은 복음서를 올바로 읽고 연구하기 위해서는 간과할 수 없는 복음서 전승 형성의 세 단계에 대응된다는 점이다.

첫째는 나자렛 예수의 갈릴래아와 유다 그리고 그 주변에서의 선교활동중의 언행이다(제1단계). 이것은 예수가 하느님, 하느님 나라, 그리고 자기 자신에 관해서 이야기할 때 선택한 표현방법을 포함해서 **예수 자신의 말씀**(ipsissima verba)으로 대표되는 단계이다. 이것은 대략 1년에서 33년(전통적 날짜를 사용해서)까지 살았던 갈릴래아의 유다인의 언행이었다. 즉, 그의 만남, 그의 행위 그리고 말하는 양식은(보통 아람어) 그때의 갈릴래아의 유다인의 것이다.

둘째는 예수가 죽은 다음, 즉 대략 33년에서 65년까지 사도들이나 제자들이 그에 관해 설교하는 단계이다(제2단계). 이 단계에서는 일찍이 설교하는 사람이었던 예수가 이제는 자신에 관해 **설교되는 사람**으로 입장이 바뀌어 그와 그의 선교를 입증하는 증언이 여러 곳에서 **부활한 주**主 혹은 **그리스도**로서의 그에 대한 신앙과 결부된다(사도 2,36). 사도들과 제자들에 의해 전해진 예수의 언행에 대한 충실한 설명은 일반적으로 "**부활신앙**"이라고 일컫는 것에 의해 재구성된 것이다. 즉, 예수 자신·그 말씀·행위·영향 등에 다른 새로운 이해가 가해진 것이며, 그것은 **부활하여 영광 속에 들어올려진 주**主로서의 예수께 대한 신앙과 체험에서만 생긴 것이다. **제자들은 처음에 이 뜻을 깨닫지 못하였다. 예수께서 영광스럽게 되신 다음에야 비로소 그들은 그분에 관하여 이렇게 기록되어 있었다는 것과 또한 (사람들이) 그분께 그대로 해드렸다는 것을 회상하였다**(요한 12,16; 2,22 참조). 아직 그 제자들은 실제의 정확성을 가지고 예수 자신의 언행을 재현하려 하지 않았다. 다시 말하면, 그들은 예수가 죽은 다음에야 그의 언행을 이해하게 되었고, 그 언행을 그들이 설교한 사람들의 요구에 조절한 것이다.

셋째는 복음서 저자들이 예수에 관해서 각각 복음서에 기록한 65년에서 95년 사이의 단계이다(제3단계). 그들은 각각 독자적 방법과 목적을 가지고 사도들의 선교 단계(제2단계)에서 형성된 예수에 관한 전승을 사용하였고, 그러나 그들은 거기에서 자료(예수의 말씀, 비유 이야기, 기적 이야기, 선언 이야기 그리고 예수, 세례자 요한, 사도들에 관한 이야기 등)를 선택하고 그것을 그들 자신의 문학적 작품으로서 종합하고 편집상의 수정이나 가필로써 해설하고 마지막으로 그것 모두를 **복음서**라고 일컫는 독특한 문서양식, 즉 지금 우리가 알고 있는 정경 복음서로 완성한 것이다. 이는 복음서 저자는 누구도 예수의 설교의 목격자가 아니라는 말이다. 그들은 다만 목격자요 "말씀의 봉사자"(루가 1.2)가 된 다른 사람들로부터 예수와 그의 설교에 대해서 들었던 것이다. 결국 복음서 저자들은 전승 자료에서 뽑아 그것을 실제적인 정확성에서가 아니라 적합하다고 생각한 것을 그들의 이야기로 완성한 것이다. 예를 들면 예수의 예루살렘 성전 정화 이야기는 요한 복음서(2.13-16)에서는 그의 선교 초기에 나타나는데, 공관복음서에서는 당신이 돌아가시기 바로 전 예루살렘 방문 때에 나타난다(마르 11.15-17: 마태 21.12-13: 루가 19.45-46). 그것은 또한 복음서 저자들이 예수의 언행을 기억하기 위해서 기록한 것이 아니라 복음서 이야기의 목적에 봉사하고 그에 대한 신앙을 분발시키기 위해서 만들어진 것이다.

그러나 그밖에 정경 복음서가 형성되었어도 성장을 계속한 제2단계의 다른 전승 소재에서 초기 그리스도 교회가 정통한 것으로, 또는 에우세비우스의 말을 빌리면 **"공인된"**(homologoumena, 이는 정경 문서에 대해서 Eusebius가 사용한 술어, *Hist. eccl.* 3.25.3) 것으로 인정하지 않았던 다른 복음서 형식이 생겨났다. 그것이 소위 외경 복음서이다. 전반적으로 보아 그들은 제1단계를 반영하지 않는다(제2문 b와 제3문 참조).

이상의 나자렛 예수의 복음서 전승의 3단계는 용어의 차이는 있으나 오늘날 많은 성서 해석학자로부터 그 신앙의 입장의 차이를 넘어서 널리 지지받고 있다.

i. 복음서와 그 전승의 이러한 해석 방식과 구분 방식은 현대의 로마 가톨릭 교회에서는 금세기에 발표된 세 개의 교회 공문서에 의해서 지지되고 있다. 첫째는 1943년의 교황 비오 12세의 성서 연구 장려를 위한 회칙 **「성령의 영감」** *Divino afflante Spiritu*인데, 이것은 성서 해석의 열쇠로서 성서의 문학양식 연구의 필요성을 강조하고 있다(§35-9: *AAS* 35 〔1943〕 314-7: *EuchBib* §558-60: *RSS* 97-9). 이 회칙에 의해서 로마 가톨릭 교회의 해석학자들은 양식사비판 방법을 복음서 연구에도 적용하는 데 용기를 얻었다.

둘째는 성서위원회가 1964년에 발표한 「**복음서의 역사적 진실성에 관한 지침**」*Instructio de historica evangeliorum veritate*인데, 복음서 해석 방식으로서 양식사비판, 편집사비판을 적극적으로 설명하고 위에 말한 전승의 3단계를 분명히 인정하고 있다.

셋째는 제2차 바티칸 공의회의 「**하느님의 계시에 관한 헌장**」*Dei Verbum*의 19장에서 성서위원회의 지침을 간단히 요약하고 그것을 공의회 자체의 성서 해석에 관한 견해로 제시하고 있다.

이와같이 오늘날에는 교회 당국 자체가 정경 복음서의 현대적 비판 해석을 설명하고 지지하고 있다. 그것은 이전에는 주어지지 않았던 해석의 열쇠가 하느님의 섭리에 의해서 오늘의 그리스도교 공동체에 주어지고, 그것이 놀랍게도 예상하지 않는 방법으로 성서의 보고를 열어주었으며, 그것을 무시하는 것은 그리스도교 신앙 자체의 손실이 된다는 인식에서 비롯했다.

그것이 왜 오늘에 와서 가능하게 된 것일까? 그 물음에 대한 대답은 로마 가톨릭 교회와 종교개혁으로 생겨난 그리스도교의 여러 교파 사이에 일어난 일치 운동에서 찾을 수 있다. 성서 해석 분야에서 이들 그리스도교 집단 사이의 타협은 과거에는 알려지지 않았던, 위에 언급된 성서의 역사적·비판적 해석법을 채용함으로써 설명할 수 있는 것이다.

j. 마지막으로 지적하고 싶은 점은 성서 해석에 있어서 소박한 근본주의적인 방법의 잘못은 복음서 전승 형성의 제1단계와 제3단계를 혼동한 데에 있다는 것은 위에서 말한 사실에서 분명히 알 수 있으며, 제1단계에서의 예수에 관한 회상은 제3단계로 옮겨가는 과정에서 **그리스도이신 주**主라는 신앙에서 생긴 더 적극적인 그리스도교 사상에서 영향을 받았다. 제3단계에서 복음 기자들이 예수의 말씀으로 기술한 것은 결코 **예수 자신의 말씀** 그대로는 아니었다. 그것은 예수가 실제로 말한 것에 무엇인가가 보태졌는지는 모르지만 그 **무엇**은 양식사비평이나 편집사비평을 통해서 그때마다 탐구되어야 하는 것이다.

복음 기자들이 우리에게 남겨놓은 것은 예수의 말씀과 행동에 대한 충실한 기록이 아니다. 복음서가 제1단계에서 이어받은 것으로서 우리에게 전해진 것은 제2단계의 전승과 제3단계의 자료의 선택, 편집 및 설명이라는 과정을 거쳐서 나타난 것이다. 다시 말하면 복음서는 65년(마르코), 80년(마태오), 90년 전후(요한)의 각 시대의 독자에게 예수를 어떻게 묘사해 보여주었는지 제시하고 있다. 그리고 간접적으로 30년대, 40년대, 50년대에 **"주님이신 구세주"** 예수를 어떠한 인물로 가르치고 있으며 더욱이 30년경의 선교활동중의 예수에 관해서 복음 기자가 어떻게 가르치고 있었는지를 전하고 있다.

복음서 전승 형성의 제3단계와 제1단계를 동일시하는 것은 지나치게 소박한 것이다. 그러한 태도는 종종 증명된 바와같이 파괴적인 결과를 초래할지도 모른다. 즉, 지적 자살(사고思考, 하느님께서 인간에게 주신 최대의 선물인 지성을 사용하기를 거부하는 것)과 신앙의 상실(성령의 인도에 대한 불순종)에 빠지기 쉬운 것이다.

마태오와 루가 복음서가 전하는 예수의 유년기 설화는
얼마나 역사적인가?

유년기 설화가 역사적 토대를 가지고 있기는 하지만 그외에 그들 복음서 안에 역사적인 것으로 생각될 수 있는 것이 얼마나 있는지 말하기 곤란하다.

a. 유년기 설화는 복음서 전승의 초기 단계에서 나온 것은 아니다. 마르코 복음서에는 이런 설화가 없다. 요한 복음서도 공관복음서와는 관련이 없을지라도 똑같은 초기 전승의 산물로 인정되지만 마찬가지로 이러한 설화가 없다. 그 대신 육신이 되신 말씀에 대한 머리말이 있다. 유년기 설화는 전승 안에서 초대교회 사람들이 예수의 배경과 조상들에 대해 묻기 시작하는 시점에 나타났다. 그래서 이 설화는 결국 복음서 전승에 나타난 전기적傳記的 관심과 일치하였다. 그들은 "그는 누구인가" 그리고 "그는 어디서 왔는가?"Quis? et Unde?라는 물음에 대해 대답한다. 그 설화는 복음서 전승 안에서 마르코 복음서의 첫부분(1.2-4)에 해당하는 마태 3,1-3과 루가 3,2-4의 세례와 회개의 설교자로서의 세례자 요한의 출현을 달리 기술한 부분 앞에 덧붙여졌다. 세례자 요한의 출현은[머리말에 단조롭게 삽입됨으로써(1.6-7.15) 그리고 머리말의 후속편으로(1.19-27)] 요한 복음에는 조심스럽게 표현되어 있는 전승의 출발점이다.

b. 마태오 복음서의 유년기 설화는 루가 복음서의 그것과는 상당히 다르다. 마태오 복음서의 설화에는 여섯 개의 에피소드가 있다. 즉, 아브라함에서 요셉으로 내려오는 순차적인 예수 족보(1.1-17), 그리고 구약성서의 인용으로 정점에 달하고 끝나는 다섯 개의 에피소드, 즉 예수의 동정녀 수태에 대한 기술(1.18-25), (동방의) 박사들의 방문(2.1-12), 이집트로의 피신(2.13-15), 무죄한 아

이들의 대량 학살(2.16-18), 그리고 이집트에서 나자렛으로 돌아옴(2.19-23). 그러나 루가 복음서의 유년기 설화는 마태 2.1-23과 일치하는 것이 아무것도 없으며, 그 구조는 주로 세례자 요한(1.5-23)과 예수의 수태 예고(1.26-38: 1.57-58)와 요한과 예수(2.1-4)의 탄생 예고, 요한(1.59-80)과 예수(2.21)의 할례와 현현 예고를 병행하여 공표하고 있기 때문에 중재적인 에피소드와는 전혀 다른 것이다. 또 마태오 복음서의 유년기 설화는 세례자 요한에 대한 것이나 또는 루가 2.8-52(목자들이 베들레헴으로 감, 성전에서 예수의 봉헌, 열두 살 된 예수의 성전 방문)에 해당하는 것이 없다. 게다가 마태오 복음서의 설화에서는 요셉이 마리아의 동정수태에 대해 하늘로부터의 전언을 받는 데(1.20-21: 꿈에 (이름없는) 주님의 천사로부터) 반하여 루가 복음서의 설화에서는 마리아가 그 전언을 받는다(1.28-35: 천사 가브리엘로부터). 만일 루가의 설화만 가지고 있었다면 우리는 예수가 그의 친척인 요한(마리아의 친척인 여자 엘리사벳이 낳은, 1.36)을 알고 있음이 틀림없다고 결론을 내릴 것이다. 그러나 요한 복음서에서 세례자는 "나는 그분을 알지 못했습니다"(1.31)라고 분명히 말하는데 만일 루가의 유년기 설화가 이 점에 관해서 정확하다면 이는 특별한 자백인 것이다. 이러한 차이들이 마태오 복음서와 루가 복음서의 유년기 설화들의 세부사항들을 서로 조화시키는 것과 몇몇 세부사항들을 다른 물려받은 복음서 전승과 일치시키는 것을 어렵게 만든다. 이 모든 것은 유년기 설화에 있는 모든 세부사항들이 역사적인 사실로 자세히 이야기되고 있는지 여부의 문제와 관계가 있다.

c. 대부분의 신약성서 해석자들은 공관복음서들의 관계를 분석하면서 마태오와 루가가 마르코와 Q를 사용했다는 것은 인정하지만 마태오가 루가에 의지하지도 루가가 마태오에(제1문 d 참조) 의지하지도 않았다고 주장하고 있다. 공관복음서의 문제에 대한 이러한 해결책이 주어졌으므로 루가의 유년기 설화는 분명히 마태오에 의지하지 않고 마태오의 유년기 설화도 루가에 의지하지 않는다. 게다가 이것은 두 유년기 설화에 있어서의 차이점을 기술하고 각 복음서 기자는 자신의 유년기 설화를 구성하는 데 있어서 독립적으로 그리고 독특한 문학적

목적을 위해 기술한 것임을 보여주고 있다(마태오는 구약성서의 주제의 실현을 강조하고 루가는 요한과 예수의 수태와 탄생에 하느님의 개입에 대한 평행을 역설한다).

d. 그러나 이러한 독립과 차이에도 불구하고 마태오와 루가가 그들의 유년기 설화에서 일치하는 열두 가지 점이 있다.

① 예수의 탄생은 헤로데 왕의 치세와 관계되어 있다(마태 2,1; 루가 1,5).
② 그의 어머니가 될 마리아는 요셉과 약혼한 동정녀이다. 그러나 그들은 아직 동거하지 않았다(마태 1,18; 루가 1,27.34; 2,5).
③ 요셉은 다윗 가문의 사람이다(마태 1,16.20; 루가 1,27; 2,4).
④ 하늘로부터 천사가 예수의 다가올 수태와 탄생을 알린다(마태 1,20-21; 루가 1,28-30).
⑤ 예수 자신이 다윗의 후손이라는 것이 인정된다(마태 1,1; 루가 1,32).
⑥ 그의 수태는 성령을 통해서 이루어질 것이다(마태 1,18.20; 루가 1,35).
⑦ 요셉은 수태에 연루되지 않았다(마태 1,18-25; 루가 1,34).
⑧ "예수"라는 이름은 그의 탄생 전에 하늘에 의해서 주어졌다(마태 1,21; 루가 1,31).
⑨ 하늘이 예수를 "구원자"로 확인한다(마태 1,21; 루가 2,11).
⑩ 예수는 요셉과 마리아가 동거하게 된 후에 태어난다(마태 1,24-25; 루가 2,4-7).
⑪ 예수는 베들레헴에서 태어났다(마태 2,1; 루가 2,4-7).
⑫ 예수는 마리아와 요셉과 함께 갈릴래아의 나자렛에 거처를 정한다(마태 2,22-23; 루가 2,39.51).

이 열두 가지 점에서 마태오를 루가에 대한 대조 기준으로 또는 역사적 조정 기준으로 사용할 수 있다. 그리고 그 반대로도 할 수 있다. 이것은 다양하고 독자적인 증명의 한 사례이기 때문이다. 마태오와 루가 모두가 예수의 유년기에 대한 공통된 초기의 전승을 물려받고 있다. 그들 각자는 이러한 세부사항을 채택하고 있는데, 그것을 역사적 토대로 생각하여 자신이 구성한 문학적 작품에 짜넣었을 수도 있다.

공통으로 물려받아 온 이 열두 가지 점 이외의 두 개의 유년기 설화에 있는 다른 세부사항들은 마태오와 루가가 사용한 사적私的 자료, 즉 "M" 또 "L"에서 온 것일지도 모른다. 그러나 복음서 전승의 이 부분에 "M"과 "L"의 사용에 대해서는 아무도 확신할 수 없다. 다시 말하자면 마태오와 루가 모두가 이 열두 가지 점을 이용하면서 자유롭게 각자의 설화를 만들었을 가능성을 배제할 수 없다. 만일 그렇다면 나머지 것의 역사적 성격에 대한 의문과 주저(망설임)를 참작해야 한다[예를 들면 마태오 복음서의 설화에서 (동방)박사들의 방문, 이집트로의 피신, 무죄한 아이들의 대량 학살, 나자렛으로 돌아옴에 대한 것, 마찬가지로 루가 복음서의 설화에서 목자들의 방문, 성전에서의 봉헌, 성전에서 열두 살 된 예수의 발견에 대한 것]. 이러한 세부사항들은 다른 유년기 설화에는 대응하는 것이 없다. 그래서 그것들에 대해 역사적으로 확인할 수 있는 길은 없다. 또한 이 역사적 핵심(열두 가지 점들)으로 말미암아 유년기 설화가 처음부터 끝까지 단순한 날조로 씌어졌다고 볼 수 없다.

e. 여기서 강조되어야 할 것은, 설령 루가 복음서와 마태오 복음서의 유년기 설화의 여러 장면들이 입증할 만한 역사적 요소들이 없다 할지라도 그것들은 역사적 기술로 단순히 복음서에 짜넣은 것이 아니라는 것이다. 이 설화에 있는 각 에피소드는 그 자신의 신학적 및 그리스도론적 의미를 전하고 새로 탄생한 예수, 즉 "구원자인 그리스도 주님"(루가 2,11)에 대한 복음서의 메시지를 강화시키는 것이다. 비록 이러한 유년기 설화에 있는 모든 세부사항들의 역사적 논거를 제시할 수 없다 할지라도 이러한 의미와 메시지는 전하고 있는 것이다.

예수의 동정녀 출산 이야기는 단순한 역사적 사실의 기록인가 아니면 그것을 다른 방식으로 이해해야 하는가?

신약성서의 기술을 논할 때 명료함을 위해서는 순서상 우선 동정녀의 예수 임신에 대해 다루어야 할 것이다. 이는 그것이 논쟁중에 있는 예수의 유년설화의 유일한 문제이기 때문이다. 우리의 관심의 대상은 소위 마리아의 **출산과 동정성**virginitas ante partum, 결국 예수가 탄생하기 이전에 동정녀이었나 하는 것이다. 마리아가 어떠한 상태에서 예수를 출산하였는지, 즉 후에 virginitas in partu, 다시 말하면 **실제 출산시의 동정성**에 대해서는 신약성서는 일체 언급하지 않는다. **동정녀 출산**이라는 표현을 현대에 사용하게 된 것은 초대교회의 신앙 개조에서, 예수는 "성령으로 인하여 동정 마리아께 잉태되어 나셨다"(natus est de Spiritu Sancto ex Maria virgine; *ton gennēthenta ek pneumatos hagiou kai Marias tēs parthenou*)고 하는 간단한 표현을 그 신조의 하나로 사용했기 때문이다.

a. 동정녀 임신이라는 것은 바울로와 마르코 그리고 요한 각 전승에는 일체 언급되어 있지 않다. 신약성서 기사 중 이것을 언급한 사람은 마태오와 루가로 80~85년경에 있던 그들의 유년기 설화에서뿐이다. 바울로는 예수가 다윗의 혈통임을 알고(로마 1,3), 기본적으로는 구원론적인 한 구절 안에서 예수가 "한 여인에게서 태어난" 것을 강조하고 있다(갈라 4.4). 한편 그는 예수가 하느님의 아들이라는 것을 알고 그는 탄생 이전부터 존재하고 있었음을 시사하고 있다(제 12문 참조). 그리고 바울로는 이들 앞의 두 절과 뒤의 두 절 사이에 어떤 모순도 느끼지 않는다.

마르코 복음서에는, 예수의 유년기 설화는 포함되어 있지 않고, 동정녀 임신의 신앙에 대해서는 그 흔적조차 없다. 일반적으로 유년기 설화가 복음서 전승 안에서도 제일 나중에 형성되었다고 보는 데 착안하면, 마태오와 루가 양 복음서의 동정녀 임신 이야기는 마르코 이후에 형성되었음이 거의 틀림없다.

요한 복음서가 최종적으로 편찬된 것은 정경 복음서 중 제일 나중인데, 그 토대가 되는 전승 중에는 가장 오래된 공관복음서인 마르코 복음서 시대까지 거슬러올라가는 것도 있다. 그러나 여기에는 마태오와 루가 복음서의 유년기 설화에 나타나는 마르코 이후에 형성된 동정녀 임신 이야기에 대해서는 일체 언급되어 있지 않다(독자는 교부전승에 의거한 예루살렘판 성서의 요한 복음 1장 13절에 "이들은 혈통에 서나 육욕에서나 남자의 욕망에서 난 것이 아니라 하느님에게서 난 것이다"라고 되어 있는 것에 현혹되어서는 안 된다. 그 한 구절은 분명히 동정녀 임신을 시사하고 있지만 요한 복음서의 어떤 그리스어 사본에 의해서도 뒷받 침되지 않을 뿐 아니라 그리스어 신약성서의 어떤 현대 개정판에도 나타나지 않는다).

b. 예수가 동정녀 임신으로 태어났다는 것은 마태오와 루가 복음서의 예수 유 년기 설화 안에서 이야기되고 있다. 마태오 1장 18-25절에 그것이 명확히 주장 되었으며, 그처럼 명확하지는 않지만 루가 복음서 1장 31-35절도 이에 대해 기 술하고 있다.

양 복음서가 유년기를 기술할 때 기자는 예수가 누구인지 그리고 그의 출생 은 어떠했는지에 대해 설명을 시도하고 있다. 마태오는 족보와 요셉에 대한 천 사의 고지를 통해 예수가 다윗의 혈통을 이어받았고, 성령이 그 임신에 관여했 다는 것을 전하고 있다. 그리고 루가도 이런 두 가지 사실을 천사 가브리엘이 마리아에게 알려주는 형태로 전하고 있다.

예수의 출생에 관한 이 두 가지 전승은 본래 **"그분은 육으로 다윗의 후손으 로부터 태어나셨으며 거룩함의 영으로는 죽은 자들의 부활 이후 권능을 지 닌 하느님의 아들로 책봉되신 분"**이라는 로마 1,3-4에 삽입된 케리그마(복음선 포)의 단편 안에 병렬적으로 기술된 그리스도론적 주장이 극화되어 발전한 것임 을 알 수 있다. 즉, 사도의 케리그마에서는 예수와 다윗의 관계(부활 후의 성령과의 관 계)에 대해 기술되어 있는 것이, 마태오와 루가가 그들 이전의 그리스도교 공동체 로부터 계승한 전승에서는 예수의 탄생에까지 소급 적용된 것이다. 이에 반해 예수의 유년기에 대한 기술이 없는 마르코 복음서는 예수의 하느님 및 성령에 대한 친밀한 관계를 설명하는 데 세례의 장면이 사용되고 있다(1,10-11). 그 관계가 마태오와 루가 양 복음서의 동정녀 임신 이야기의 주요 교리적 주장의 요소이며 그 주안점은 영원한 동정이신 마리아가 아니라 예수에게 있는 것이다.

c. 그리스도의 선재pre-existence와 그리스도의 육화에 대해서 마태오와 루가 복음서 모두 예수의 유년기 설화 안에는 언급하지 않는다. "위로부터의" 그리스도론에 속하는 이러한 사상은 루가와 마태오 이전의 신약성서 전승 안에 이미 배태되어 있었는지도 모른다(필립 2,6-11 및 이 책 제17문 b 참조). 그러나 양 복음서의 예수 유년기 설화에 나타난 그리스도론은 오늘날 인정되고 있는 것처럼, 바로 예수의 잉태가 진실이라고 할 때, 성령을 통한 예수와 하느님과의 관계를 표현하는 데에 있어서 마르코 복음의 그것보다 "고도의" 것이다

d. 위에서 말한 것은 결국 예수의 동정녀 임신이라는 그리스도론적인 표명, 또는 일부 사람들의 말을 빌리면 "신학적 선언"theologoumenon, 더 나아가서는 "신앙고백"Glaubensaussage이라고 말할 수 있을 것이다. 그것은 확실히 그렇다. 그리고 신약성서 내 동정녀 임신에 관한 이야기를 이렇게만 이해할 수도 있을 것이다(본장의 제목의 말을 상기하고 싶다). 그러나 동정녀 임신의 이야기는 또한 "역사적 사실"로도 주장되는 것은 아닐까? 확실히 일부 성서 해석학자는 그렇게 해석하고 있다(예를 들면, H. Schürmann인데, 그는 예수의 동정녀 임신을 "집안의 가족전승"으로 돌리고 있다). 즉, 동정녀 임신은 역사적 사실로서 마리아가 요셉과 동거하기 이전에 임신한 것을 일반 사람들이 알고 있었다는 사실(마태 1,18c)로 증명된다고 하는 의견이 있다. 그러나 그렇다고 하더라도 그 임신이 **성령으로 말미암은 것**이라는 것이 사람들에게 어떻게 알려졌을까? 이 문제에 대해서 더 이상 논할 여지가 없겠고, 오직 말할 수 있는 것은 브라운R. E. Brown의 말대로 "성서의 기술을 과학적으로 볼 때, 여러 가지로 해석할 수 있는 이상, 동정녀 임신의 문제는 해결되지 않은 채 그대로 남겨둘 수밖에 없다는 것이다[*The Virginal Conception and Bodily Resurrection* *of Jesus* (New York/Paramus, NJ: Paulist, 1973) 66]. 동시에 브라운은 또한 로마 가톨릭 신자에게 있어서는 마리아의 영원한 동정성에 대한 예로부터 전해오는 교회전승이 그 문제에 해답을 주고 있다고도 말한다.

e. 그런데 예수의 유년기 설화를 기술하고 또 예수의 동정녀 임신을 주장하는 복음서 안에서도 동정녀 임신을 생각지 않거나 동정녀 임신의 신앙에 통합되어 있지 않은 전승의 요소가 나타난다는 것을 상기하는 게 좋을 것이다. 예를 들면 루가 2,41에서는 마리아와 요셉을 "부모"라고 부르고(43절도 참조), 마리아로 하여금 열두 살 된 예수에게 "네 아버지와 내가 애타게 너를 찾았단다"라고 말하게 하고 있다(2,48). 그때 다만 "아버지"라고 할 뿐이고 "양부"라든가 "아버지라고 믿어지는 사람"이라든가 하는 수식어가 붙은 표현을 사용하지 않는다. 그리고 마태 13,55에서는 "이 사람은 목수의 아들이 아닌가?"라고 사람들이 의아해한 것을 기술하고 있다(요한 6,42도 참조).

f. 결론을 말하면 동정녀 임신 문제에 관한 신약성서의 기술은 명료하지가 않다. 동정녀 임신의 신앙이 **처음부터 일관된 교회의 가르침**[M. Schmaus, "Mariology", *Sacramentum mundi* (New York: Herder and Herder, 1968-1970), 3.379]이었다는 주장을 반드시 뒷받침해 주지도 않는다. 그 기술은 오히려 동정녀 임신의 신앙이 신약성서가 씌어지고 있던 시대에 초대교회 그리스도론의 발전 과정에서 그 일부가 되었다는 것을 시사해 준다. 이 문제에 있어서는 다음과 같은 저서들을 참고해야 한다. R. E. Brown, *The Birth of the Messiah* (Garden City, NY: Doubleday, 1977) 517-33; R. E. Brown et al, (eds.), *Mary in the New Testament: A Collaborative Assessment by Protestant and Roman Catholic Scholars* (New York: Paulist; Philadelphia: Fortress, 1978) 74-134; J. A. Fitzmyer의 논문 "The Virginal Conception of Jesus in the New Testament", *TS* 34(1973) 541-75. 후기를 첨부해 재판된 *To Advance the Gospel: New Testament Studies* (New York: Crossroad, 1981) 41-78.

신약성서에 있는 예수의 형제·자매에 대한 언급은
어떻게 이해해야 하는가?

신약성서 안에서 예수의 형제·자매에 대해 언급하고 있는 주요 대목은 예수가 "자신의 고향"을 방문한 사실에 대한 에피소드인데, 예를 들면 마르 6,1-3의 "이 사람은 목수이며, 마리아의 아들로서 야고보, 요세, 유다, 시몬과 형제간이 아닌가? 또한 그의 누이들도 여기서 우리와 함께 지내고 있지 않은가?"라는 구절이 있다. 다소 표현의 차이는 있지만 마태 13,55-56에도 같은 에피소드가 기술되어 있다. 그리고 마르 13,32와 마태 12,46도 참고하기 바란다.

요한의 전승도 예수의 "어머니와 형제들"에 대해서 언급하는데(2,12), 동시에 **사실 "예수의 형제들"은 예수를 믿지 않았다**라고 말하고 있다(7,5). 그리고 바울로도 예루살렘의 야고보를 **주님의 형제**라고 부르고 있다(갈라 1,19; 제2문에 인용한 이 전승이 반영되어 있는 요세푸스의 말을 상기해 주기 바란다). 이상의 기술에서 나타난 **형제·자매**는 실제상의 형제·자매로 이해해야 하는지, 아니면 다른 해석 방식이 있는지?

a. 일부 해석자들은 마리아를 **평생 동정녀**(*aeiparthenos* 또는 semper virgo, *DS* 44,46)이었다고 하는 오랜 전통에 따라서 **형제·자매**를 넓은 의미로 해석한다. 한편 많은 프로테스탄트 해석자들은 실제 형제와 자매라는 의미로 해석하고 있다. 마리아가 평생 동정녀로 지냈다는 것은 이미 3세기에 주장되었으며 함축적으로는 그 이전, 2세기의 위경僞經인 **야고보 원복음서**Protevangelium Jacobi(HSNTA, 1.374-88. 특히 9.2; 17.1; 18.1(요셉의 자녀는 미리 결혼해서 낳은 것이다); *Mary in the New Testament*, 273-5 참조)에도 씌어져 있다. 그러나 문제가 신약성서의 기술 자체에 있는 이상, 후대 교회의 전승만으로는 해답을 얻을 수 없다.

b. 마리아가 아들을 낳을 때까지[heōs (hou)] 요셉은 아내와 동침하지 않고 지냈다 … 라고 하는 마태 1,25는 주의깊게 해석할 필요가 있다. 이 말은 예수의 탄생 이전까지는 마리아의 동정성이 지켜졌지만(virginitas ante partum) 그후에 요셉이 그녀와 부부관계에 들어간 것이라고 종종 해석되어 왔다. 그러나 그 앞뒤(18-25절)를 주의깊게 읽어보면 마태오의 주관심사가 예수의 탄생 이전에 일어난 일 및 그것과 이사 7,14(70인역 — 동정녀가 임신하여 한 아들을 낳을 것)와의 관계에 있다는 것을 알 수 있다. 그 뒤 25절에서 예수가 탄생하기까지 마리아는 동정성을 지켰다는 것이 진술되어 있을 뿐이고, 예수의 탄생 후의 부부관계에 대해서는 아무것도 언급하지 않는 것이다. 마태 1,25를 마르 6,1-3, 그리고 마태 13,55-56과 관련지어 읽을 때 비로소 그 이상의 것이 포함되어 있는 것은 아닐까 하는 의문이 떠오른다. 그러나 마태 1,25 자체는 마리아가 예수 탄생 후에도 동정녀였다(virginitas post partum)는 것에 대해서 긍정도 부정도 하고 있지 않다. 결국 이 문제는 예수의 유년기 설화에 포함된 전승이 복음서의 다른 전승에 어느 정도로 의존하고 영향을 받고 있느냐는 문제로 되돌아간다.

c. 그리스어의 *adelphos*가 **친형제** 이외의 의미를 가질 수 있다는 것은 잘 알려져 있다[예를 들면, "형제"(로마 9,3), "이웃 형제"(마태 5,22-24), "동기"(배다른 형제, 마르 6,17-18), "혈족, 친척"(창세 29,12; 24,48) 등의 의미를 가질 수 있다. 여기서 마지막에는 넓은 의미를 지닌 히브리어의 *'āḥ* 또는 아람어의 *'āḥā*'가 반영된 데 지나지 않는다]. 문제는 마르 6,1-3의 **형제**가 **친척**이라는 의미로 사용되고 있는지 여부이다. 즉, 신약성서 안에 이와같이 해석할 수 있는 근거가 발견되는지 하는 점이다[신약성서 안에서 "사촌"을 나타내기 위해서는 *anepsios*라는 다른 말이 사용되고 있다(골로 4,10). 그러므로 *adelphos*에 그와 같은 의미를 가진다고 보아서는 안된다].

d. 마르 15,40은 *adelphos*의 의미가 특히 문제시되는 근거가 된다. 거기서는 예수가 십자가에 달리는 것을 멀리서 바라보고 있던 여자들이 있었는데 그들 중에는 막달라 (여자) 마리아, 작은 야고보와 요세의 어머니 마리아, 그리고 살로메가 있었다. 십자가에 달려 있는 사람의 어머니에 대해 말하는데 **작은**

야고보와 요세의 어머니라는 우회적인 표현을 복음 기자가 썼을까? 아마도 "그의 어머니"라든가 "예수의 어머니"라든가 하는 표현을 썼을 것이다. 이 "그의 어머니"라는 말을 사용해서 그녀가 십자가 곁에 있었다고 전하는 것은 요한 전승뿐이다(19,25). 공관복음서는 그것에 대해서 일체 언급하지 않는다.

그런데 마르 6,3에서 예수의 *adelphoi*(형제들)로서 야고보와 요세 두 사람을 꼽고 있다는 데서, *adelphos*(형제)라는 말이 어떠한 의미로 사용되었느냐 하는 문제가 제기되고 있는 것이다. 그것이 만약 실제 "친형제"를 의미한다면 예수의 어머니인 마리아가 십자가에서 떨어진 곳에 서 있었다는 진술을 마르코가 아주 번거롭게 돌려서 표현한 것이 된다. 그러나 마르 15,40의 "어머니"가 십자가상의 예수의 어머니가 아니라고 하면 6,3의 *adelphos*는 실제의 "형제"와는 다른 의미, 예를 들면 "친척"이라는 의미로 이해해야 한다는 말이 된다. 이 점에 대해서는 마르 15,47; 16,1; 마태 27,56.61; 28,1을 참조하기 바란다.

결론적으로, 마르 6,3을 마르 15,40.47; 16,1과 비교했을 때 6,3의 *adelphos*의 의미가 신약성서 자체로도 애매하다는 것을 알 수 있다. 이 애매성이 마리아의 평생 동정성의 문제에도 관계되는 것이다. 다시 말하면 예수의 "형제와 자매"를 엄밀한 의미에서 "친형제와 자매"로 이해해야 하느냐 아니면 더 넓은 의미에서 **가족** 또는 **친척**이라고 이해해야 하느냐 하는 문제는 신약성서만으로는 쉽게 해결될 수 없는 것이다. 후자의 가능성도 충분히 남아 있다.

예수의 세례에 대한 복음서의 기술을
어떻게 이해해야 하는가?

예수의 세례에 대한 기술은 네 복음서에 모두 나타나며(마르 1,9-11; 마태 3,13-17; 루가 3,21-22; 요한 1,30-34), 간접적이기는 하지만 사도행전에도 언급되고 있다(10,37-38). 나자렛 예수가 선교활동을 시작하기 조금 전에 세례자 요한이 행한 세례식을 받은 것이 사실임을 의심할 근거는 하나도 없다. 사도행전 10장에 나타나는 예수의 세례에 대한 간접적인 기술은 루가가 자신의 복음서에서 말한 것(3,21-22)의 반영일 뿐인지도 모른다. 그러나 일부 학자는 고르넬리오의 개종에 즈음하여 행해진 설교는 초기 그리스도교의 선교활동에서 행해진 설교를 요약한 것이라고 생각하고 있다[C. H. Dodd, *The Apostolic Preaching and Its Developments* (London: Hodder and Stoughton, 1936) 478 참조]. 만약 이 가설이 옳다면 사도행전 10장 37-38절의 기술은 마르코 복음서의 그것(1,9-11)보다도 빠른 시기의 것이 될 것이다.

a. 세례자 요한이 세례를 준 것에 대해 성서 이외의 증언도 있다. 요세푸스Josephus는 요한을 **"세례자라고 불리는 요한"**이라고 일컬으며, 그가 주는 세례*baptismos*에 대하여 기술하는데, 그는 세례를 죄의 용서와 관련시켜서 설명하고 있다. 더욱이 요한의 세례는 당시 팔레스틴 유다인의 쿰란 공동체에서 행해지고 있던 물로 씻는 정화의식을 배경으로 한다고 생각할 수도 있다. 이 의식은 하느님께서 (불에 의해서) 사람의 몸을 정화하고, **"거룩한 영"**에 의해서 깨끗이하는 것을 상징한다는 신앙에 의거해서 (매일) 몸을 닦는 관습이다. 공관복음서에서는 요한의 세례는 죄의 용서를 받기 위해 회개하라는 그의 설교와 결부되었다(마르 1,4.5; 마태 3,6.11; 루가 3,3).

b. 예수의 세례에 관한 복음서의 기술은 미세한 점에서 각기 다르다. 네 복음서 모두 예수의 세례를 요르단 강과 관련짓고 있는데 그 방식이 다소 다르다(마르 1,9; 마태 3,13; 루가 3,3; 4,1; 요한 1,28; 3,26 "요르단 강 건너편").

그 차이는 다른 점에서 훨씬 두드러진다. 마르 1,9; 마태 3,13-16에서는 예수가 요한에게 세례를 받은 것이 똑똑히 기록되었는데 루가 3,21-22에서는 "… **예수께서도 세례를 받으신**"이라고 되어 있을 뿐 세례를 준 사람의 이름은 기록되어 있지 않다.

루가가 요한의 이름을 쓰지 않은 것은 그가 이미 19-20절에서 세례자 요한의 투옥에 대해서 말했고, 예수의 이야기 전에 이미 요한에 대한 이야기를 끝맺고 있어서 문맥상 요한이 예수에게 세례를 준 것을 쓰지 않았던 것이라고 생각된다.

그리고 요한 1,24-43에서도 세례자 요한이 예수에게 세례를 주었다고는 씌어 있지 않고, 또 예수가 세례를 받은 일조차 말하지 않는 데 주의할 필요가 있다. 그러나 요한에 의한 예수의 세례는 **세례를 주기**(베풀기) **위해 나**(요한)**를 파견하신 분**(하느님)이 요한에게 하신 말씀 가운데 암시되어 있다. 이 차이를 통해서 복음 기자 요한이 단순히 자세한 역사적 사실 이상의 것에 관심을 품고 있음을 알 수 있다.

마르 1,10에는 세례 후 "**하늘이 갈라지고 (하느님의) 영이 비둘기처럼 당신에게 내려왔다**"고 하는 예수 자신의 체험이 이야기되고 있다. 그에 반해서 루가 3,21-22에서는 세례를 받은 예수가 기도하고 있을 때 "하늘이 열리고 성령이 형체를 취하여 비둘기처럼 당신 위에 내려왔다"고 되어 있다. 루가는 예수의 생애에서의 중요한 사실을 기술할 때 종종 예수가 기도하고 있는 것으로 묘사하는데(5,16; 6,12; 9,18; 11,2; 22,32.41; 23,46), 여기서도 같은 수법을 쓰고 있다. 그러나 그 이상으로 중요한 것은 하늘이 열리고 성령이 내려오는 모습이 마침 그 자리에 있던 사람들에게도 보였다고 하는 점이다. 마태 3,16에서는 마르 1,10과 똑같이 "**하느님의 영이 비둘기처럼 내려와 당신 위에 이르는**" 것을 예수가 보았다고 쓰고 있는데 "**즉시 하늘이 열리고 …**"라는 표현을 하늘이 열린 것이 사람들에게 보인 것처럼 이야기하고 있다. 그러나 요한 1,32-33에서는 "**영이 하늘로부터 비둘기처럼 내려온**" 것을 본 것은 세례자 요한 뿐이었다. 이와같이 실제로 일어난 것을 목격한 사람에 대한 복음 기자의 기술은 그것이 예수이기도 하고 다른 사람들이기도 하고 세례자 요한뿐이기도 하는 등 각기 다르다.

게다가 마르 1,11과 루가 3,22에서는 "**너는 내 사랑하는 아들이니, 나는 너를 어여삐 여겼노라**"라는 하늘의 소리가 직접 예수에게 들렸다고 되어 있는데, 마태 3,17에는 "**이는 내가 사랑하는 아들이니 …**"라는 하늘에서의 소리가 거기에 앉아 있던 사람들 모두에게 들린 것처럼 씌어 있다. 그에 반해서 요한 1,33에는 세례 때에 하늘의 소리가 들린 것도 예수가 하느님의 아들이라는 말씀도 기록되어 있지 않다. 단 세례자 요한을 **보내신** 하느님이 이미 그 요한에게 "**영이 어떤 분 위로 내려와 그 위에 머무는 것을 네가 볼 터인데 그분이 곧 성령으로 세례를 베푸시는 분이시다**"라고 알리고 있다.

c. 위와 같은 기술의 차이 때문에(복음서 전승의 제1단계에서의) 예수의 세례 때에 무슨 일이 일어났는지 정확하게 재현하는 것이 이미 불가능함이 분명하다. 결국 우리에게 허용된 것은 요한에 의한 예수의 세례를 예수의 특별히 선택된 지위를 선언하는 하늘의 개입과 관련시켜서 받아들인 초기 그리스도인의 극히 일반적인 인식방법뿐이다. 그 개입 자체가 어떻게 이루어졌는지, 그리고 선언이 누구를 향해서 이루어졌는지(예수에게인지 목격한 모든 사람들에게인지 아니면 요한에게인지) 분명하지 않다. 이것은 복음서 전승 중의 세례 장면에 관한 기술의 중점이 다른 데 있다는 것을 제시하고 있다.

d. 가장 오랜 복음서인 마르코 복음서 가운데의 예수의 세례 장면(1.9-11)은 나자렛 예수가 어떠한 사람이었는지 독자에게 알리고 있다. 그는 "**내가 사랑하는 아들**"〔이것은 이사 42.1(70인역)의 **종**의 주제를 암시하고 있을 가능성이 있다〕이며 "**하느님의 복음을 선포하시기**"(1.14) 위해 하늘이 선택한 분이다. 마르코 복음서의 위에

기술한 부분에 이어지는 절에서 예수는 이 역할을 설교, 치유, **"하느님 나라"**
의 선포를 통해서 수행해 간다.

예수가 누구이신지를 제시하는 것은 마르코 복음서의 세례 장면의 주요 주제
이다. 그것은 이 복음서가 예수의 유년설화를 빼고 복음서의 이 부분과 결부되
어 있는 그리스도론적인 칭호를 사용하고 있지 않기에 한층 중요하다. 여기서
문제가 되는 것은 마태오와 루가 양 복음서의 경우 예수의 유년설화에서 이미
여러 가지 호칭을 예수께 붙이고 있는 이상 세례 장면의 기술이 이들 양 복음
서의 독자에게 무엇을 새롭게 보여주느냐 하는 것이다.

그 문제를 루가 복음서에 국한해서 보면 유년 이야기는 복음서의 주요 부분
이 씌어진 다음에 덧붙여진 것임이 거의 틀림이 없다. 루가 1,32와 35에서 이
미 예수를 **하느님의 아들**로서 소개하고 있음에도 불구하고 세례 장면을 남겨
놓고 있는데, 이는 아마도 전통적으로 세례 장면을 예수의 선교활동의 출발점
으로 다루고 있으며, 그의 구원사에서 이 세례 장면이 예수시대의 **기원**_archē_으
로서 그에게 중요하게 생각되었기 때문일 것이다.

e. 예수의 선교활동의 출발점이었던 세례에 즈음하여, 역사의 예수가 개인적으
로 겪은 경험이 어떤 것이었는지를 어느 정도 알 수 있을까? 이것은 어려운 문
제이다. 역사적 예수의 인식 문제(제2문 참조)를 떠나서 이 세례 이야기의 미세한
점에서 각각의 복음서의 기술이 일치하지 않는 것도 문제를 한층 어렵게 한다.

마르코는 세례 직후 일어난 것을 예수 자신의 체험으로 묘사하고 있으며, 루
가도 부분적으로 그렇게 다루고 있다. 그에 반해서 마태오는 하늘에서의 소리
를 공적으로 이루어진 선언으로 묘사하고, 요한은 세례자 요한에게만 제시된
계시로 묘사하고 있다. 아직 마태오와 요한 양 복음서 어느 쪽도 예수 자신이
무엇을 체험했는지에 대해서는 아무것도 시사하고 있지 않다.

예수가 세례를 통해서 자신이 하느님께서 보내신 구세주라는 것을 자각한 것
이라고(통속적인 전기 등에서) 종종 말하고 있다. 그러나 이것은 문제를 지나치게 단
순하게 다루는 것이다. 우선 첫째로 공관복음서 안의 하늘의 소리에는 예수가

기름부음을 받은 하느님의 대리인, 즉 메시아라는 말은 나타나지 않고 **하느님의 아들** 또는 **종**이 사용되고 있다.

둘째로 위에 말한 해석의 근거로서 종종 인용되는 시편 2,7(**"너는 내 아들, 나 오늘 너를 낳았노라"**)은 루가 복음 전승의 몇 개의 사본에는 나타나지만 제일 훌륭한 사본에는 빠져 있다. 뿐만 아니라 시편이 당시의 팔레스틴 유다교에서 실제로 메시아(즉 다윗의 자리에 오르기를 대망하던 구세주)에 관한 시라는 것을 증명할 필요가 있는데, 그것은 불가능하다. 그 생각은 훨씬 후대에 와서 유다사상에 들어온 것이다.

셋째로 예수가 세례를 받음으로써 성령이 부어졌다고 해석하는 것은 신약성서 기자들 가운데서도 루가뿐이다(사도 10,38). 그와 같은 후대의 그리스도교적인 신학적 해석을 역사의 나자렛 예수의 의식과 결부시켜 생각하는 데는 문제가 있다.

f. 마지막으로 마태 3,14-15에 나타난 세례자 요한과 예수와의 대화에 대해서 한 마디 해둘 필요가 있다. 요한이 **"제가 당신에게 세례를 받아야 할 터인데 당신이 제게 오시다니요"**라고 말하며 예수에게 세례를 단념시키려고 한데 대한 대답으로 예수는 **"지금은 이대로 하시오. 이렇게 해서 우리는 마땅히 모든 의로움을 이루어야 합니다"**라고 말씀하셨다. 마태오 복음서 이외에는 나타나지 않는 이 대화는(루가가 예수에게 기도하고 있는 장면을 추가함으로써 루가적인 색채를 나타내는 것처럼) 바로 마태오적 색채를 나타내고 있다. 그것은 **의**義라는 마태오의 더욱 큰 주제(예를 들면 21,32 참조)와 관련해서 이해할 필요가 있다.

더욱이 두 가지 것을 첨부하지 않으면 안된다. 첫째로 **"모든 의로움을 이루어야 합니다"**라는 말씀은 요한의 선교와 세례가 하느님의 구원의지에 관계하고 있다는 것을 강조한다. 마태오가 묘사한 그리스도는 요한에게서 세례를 받음으로써 세례를 주는 요한의 역할과 그가 설교를 통해서 사람들에게 가르치고 있던 **의**라는 구원의 길이 하늘에서 제시된 것이라는 것을 인정한 것이다. 둘째로 **"지금은 이대로 하시오"**라는 말씀을 통해 죄의 용서를 받기 위한 회개의 징표로 세례자 요한이 주고 있던 세례를 예수가 받았다는 것은 적어도 예수가 자진해서 하느님께서 요한을 통해서 제시하신 **의**義의 길을 구하는 인간과 같은 대열에 자신을 둔 것을 의미하고 있다.

그것이 예수 자신의 죄의식을 나타낸 것이라고 여길 것인지는 다른 문제이다. 그것은 앞에서 말한 예수의 의식 문제와 관련된 것으로서 마태오 복음서의 에피소드가 그러한 문제에 대답하기 위해 씌어졌는지 여부에 대해서는 의문이 남는다. 세례자 요한이 예수의 제의를 거절했다는 기사는 그리스도 예수가 죄와는 무관하다는 것을 주장한 초대교회의 의식(2고린 5.21; 요한 8.46; 히브 4.15; 7.26 참조)과 요한의 세례가 초대 그리스도 교회의 세례에 대해 가지는 선구적 관계를 강하게 반영하고 있다.

예수의 유혹에 대한 복음서의 기술을
어떻게 이해해야 하는가?

a. 나자렛 예수가 지상생활에서 유혹에 직면했던 사실이 복음서의 기술 이외에도 다른 신약성서에서 증명되고 있다. 히브 4,15는 "우리의 대사제는 연약한 우리의 사정을 몰라주시는 분이 아니라 우리와 마찬가지로 모든 일에 유혹을 받으신 분이십니다"라고 기록하고 있다. 또 히브 2,18에는 "그분은 친히 시험을 받으시고 고난을 당하셨다"라고 씌어 있다. 복음서의 장면과 더불어 이와 같은 대목들은 나자렛 예수의 생활에서의 유혹의 실재를 확인하는 것이다.

b. 최초의 복음서에서 유혹은 다음과 같이 기술되어 있다. 즉, **[세례를 받은 후] 곧 성령이 예수를 광야로 내보냈다. 그분은 광야에 사십 일 동안 계시면서 사탄에게 유혹을 받으셨다. 또한 들짐승들과 함께 지내셨는데 천사들이 그분의 시중을 들었다**"(마르 1,12-13). 이렇게 두 개의 짧은 대목은 사십 일 동안 사탄의 유혹을 받으면서 들짐승들과 함께 광야에 머무르신 예수의 사건을 기록하고 있다. 히브리서에서와 같이 단순한 사실이 진술되었을 뿐 그런 유혹의 성질에 대해서는 전혀 언급되어 있지 않다. 그런 유혹에 대한 그분의 승리("죄 외에는")를 밝힌 히브리서의 본문에서와 같이 마르코 복음서의 본문도 "천사들이 그분의 시중을 들었다"고 말함으로써 같은 뜻을 함축하고 있다. 마르코 복음서의 장면은 일종의 되찾은 낙원이다.

c. 마르코의 장면과 유사한 나중의 마태오와 루가 복음서의 복음서 저자들은 예수가 겪은 유혹의 종류에 대해 자세히 써넣고 있다. 마태오와 루가 모두가 일종의 마르코 복음서 서문(마태 4,1-2: 루가 4,1-2)에 그 유혹 기사에 대한 **Q** 이야기

(마태 4,3-10: 루가 4,3-12)를 덧붙여 말하고 있다. 그리고 유혹의 순서가 다르다. 마태오에서는 순서가 광야 → 예루살렘 성전 꼭대기 → 높은 산인 반면에, 루가에서는 그 순서가 광야 → 높은 산(암암리에) → 예루살렘 성전 꼭대기이다. 마태오와 루가 모두의 기술에 있어서 세 장면을 통합하는 것은 예수가 유혹자에게 신명기의 말씀을 인용하여 행한 연속적인 대답이다. Q의 본래의 순서는 분명히 마태오 복음서 안에 보존되어 있다. 거기서 예수는 유혹자에게 반대의 순서로 신명 8,3과 6,11.13을 인용하여 대답하고 있는 데 반하여, 마지막 둘의 순서가 복음서 저자의 지리적 시각과 예루살렘에 대한 편견에 의해 루가의 형식에서는 바뀌어져 있다.

d. 이러한 유혹 장면들이 만들어낸 문제는 그것들이 그 사건의 목격자를 언급하지 않는 점이다. 그들은 오직 예수와 사탄만을 묘사할 뿐이다.

그러면 초기의 그리스도인들은 과연 어떻게 예수와 이 유혹자와의 이런 대결을 알게 되었을까? 또 "물러가라, 사탄아!" 하고 예수가 말한 마태 4,10은 별문제로 하고 예수와 사탄 사이의 모든 대화는 구약성서의 대목들의 인용, 또는 언급으로 이루어진 것이다. 즉, 사탄은 출애 16장(또는 민수 11,7-8), 신명 12,30-31(또는 출애 23,23-33) 그리고 출애 17,1-7을 언급하고 예수는(마태오 복음서에서) 신명 8,13; 6,16과 6,13을 인용하여 대답하고 있다. 이러한 사실의 요지는 Q 유혹 장면들은 2차적인 구성인 것 같다는 것이다. 그러나 문제는 왜 초기 그리스도인들이 예수에 대하여 이러한 이상한 이야기를 꾸몄느냐는 것이다. 분명히 이러한 장면들이 글자 그대로 이해되어야 한다는 것은 아니다(예를 들면, 인격체로서의 유혹자가 역사의 예수와 대면했다는 것). 왜냐하면 그 장면의 끝에 가서 예수를 성전 꼭대기로 그리고 높은 산으로 데려갔음에도 불구하고 예수는 아직도 광야에 있고(마태 4,11), 그곳에서 그는 갈릴래아를 찾아가기 때문이다.

이 문제에 대한 해결책은 이러한 기술들의 비유적 성질에 있다는 것이다. 그것들은 예수 자신에게까지 소급될 수 있는데 예수는 제자들에게 당신의 선교중에 어떻게 유혹을 당하게 되었는지를 이해시키기 위해 아주 극적이고 상징적인 방식으로 그것들을 자세히 이야기하였는지도 모른다. 그리고 예수에 대한 동시대 사람들의 반대와 당신이 가르치고 있던 메시지에 대한 거절을 물리치기 위해 당신의 권능을 사용하게 된 유혹이 배경이었을 것이다. 그러므로 예수는 그의 하느님 아버지의 계획은 제쳐놓고 당신의 자만심을 채우기 위해서, 그리고 하느님보다는 다른 어떤 사람에게서 평판과 지배권을 얻기 위해서, 그리고 적들에게 "하늘에서 (내리는) 표징"(마태 16.1)을 줌으로써 그들 앞에서 성대하게 자신을 드러내기 위해서 자신의 권능을 사용하려는 유혹을 이러한 장면에서 극화하였을 것이다. 그래서 그 장면들은 예수를 하느님 아버지께 대한 충실한 자로서의 역할을 포기하도록 유혹을 받는 사람으로 묘사한다. 전해진 메시지는, 예수는 시험을 받고 충실하게 되었다는 것이다. 즉, 그는 충실하고 순종하는 **하느님의 아들**인 것이다("**당신이 하느님의 아들이거든**" 하는 유혹자의 도전을 생각하라). 그러므로 선교 초기의 예수는 마태오와 루가 복음서에서 하늘이 **"사랑하는 아들"**(그의 세례 때. 마태 3.17: 루가 3.22)로서만이 아니라 또한 하느님의 충실하고 시험받은 아들로서도 묘사되어 있다. 유혹 장면들의 역사성을 실증할 수 있는지 여부는 그것들의 종교적 취지를 분명히 묘사하는 데에 달려 있다.

복음서의 여러 가지 주제 가운데
예수 자신의 가르침이라고 인정될 수 있는 내용은
어떤 것이 있는가?

현대의 신약성서 해석학자는 복음 기자가 예수의 말씀이나 설교로 표현 제시한 것들을 하나하나 철저하게 검토하여 몇 가지 주제는 실제로 예수의 가르침이라는 합의에 도달했다(제2문 f에서 든 몇 가지 기준을 상기하고자 한다).

먼저 주의해야 할 점은 공관복음서와 요한 복음서 양쪽 모두 예수의 선교활동에 대해 기술할 때 하느님, 하느님 나라, 구원, 죄, 윤리, 종말 등에 관한 가르침을 주제적 관련이나 체계적 배려 없이 단지 나열하는 데 그치고 있다는 것이다. 게다가 어떠한 교리체계도 예수께 귀착시키지 않는다. 따라서 예수의 가르침의 주제를 체계화하려는 시도는 근대에 와서야 이루어진 것임을 알 필요가 있다. 위 사항을 염두에 두고 역사적 예수의 가르침의 주요 주제로서 다음 다섯 개를 뽑아낼 수 있다.

a. 첫째 주제는 예수의 말씀과 비유 안에 명시되고 기적이나 행동을 통해 암시된 하느님의 구원이 새로운 모습으로 인간에게 주어졌다는 것이다. 야훼의 지고한 활동이 인간의 역사 안에 새롭게 제시되고 이러한 하느님의 구원을 위한 계시에 대해 인류가 신앙을 통해 응답하도록 불림을 받은 새로운 시대가 시작되고 있다는 것이다.

물질적인 악, 개인적인 위험이나 병, 국가의 고난, 도덕적 퇴폐로부터 "구원"은 이미 야훼께서 그 옛날 모세나 다른 예언자들의 입을 통해 **선택된** 백성에게 선사하셨다. 그런 의미에서 구약성서 안에서 이사야는 야훼를 종종 **"구세주"**로서 찬양하고 있다(이사 43,11: 45,15.21: 호세 13,4 그리고 시편 68,19-20도 참조). 그에 반해 예수의 가르침의 근본은 이스라엘 백성의 선택과는 관계가 없으며 때로는 율법에 관한 전통과도 몇 가지 점에서 다르고, 예수 자신을 삶의 중심으로 삼는(예수를 받아들이는 것이 인간으로 살아가기 위해 가장 중요한 과제이다) 인간에게는 종말적인 회개를 요구하는 구원의 선언이었던 것이다.

이 새롭고 최종적인 구원의 약속은 하느님께서 예수를 통해서 가난한 사람, 버림받은 사람, 죄인, 아마도 예수를 찾아온 사마리아 사람과 비유다인까지도 포함한(아마라고 쓴 것은 예수가 사마리아 사람을 대하는 방법에 대한 복음서의 기사를 어떻게 해석하는가에 따라 달라질 수 있기 때문이다) 온 인류에 주어진 것이다(구원에 관한 예수의 가르침의 자세한 내용은 제5문의 대답을 참조).

b. 예수의 가르침의 두번째 주제는 이전의 성서나 고대의 전통이 원칙적으로 옳다는 것이다. 예수는 유다의 신앙고백(Shema)을 되풀이하였고(마르 12.29에 인용한 신명 6.4), 구약성서에 나타난 율법을 인간의 행위에 대한 하느님의 뜻을 헤아릴 수 있는 근거로 인식했다.

그러나 동시에 예수는 인간의 삶과 행위를 구체적으로 다루기 위해 모든 결의론決疑論과는 다르게 율법을 인정하는 새로운 방식을 제시했다. 정경 복음서에 제시되어 있는 율법학자, 바리사이파의 해석에 대한 예수의 반대를 모두 후세의 그리스도 교회 대 유다 교회의 논쟁으로 돌려버려서는 안된다(마르 7.6-7 참조). 과거의 전통을 존중하는 예수의 기본적인 자세는 예로부터 전래된 신심의 여러 형태 곧 기도, 단식, 자선(마태 6.1-18), 안식일의 준수나 예식적 예배행위들에 대한 태도(마르 2.23-27)에 잘 나타나 있다. 그렇지만 예수는 이러한 관행의 진정한 정신적인 의미를 강조하고 오랜 신앙과 전통에 결부되어 있던 도피, 위선, 잘난 체함 등의 극도로 인간적인 태도를 정화하려고 노력하였다.

c. 예수의 가르침의 세번째 주제는 아버지로서의 하느님을 특히 강조하는 것이다. 그의 가르침은 이스라엘의 전통적인 하느님[神] 개념에 특별히 새로운 요소를 더하지는 않은 채 한층 풍부한 분으로 개념화하였다. 야훼께서는 여전히 이

스라엘 백성을 선택하시고 그들에게 율법을 주시고 모든 인류를 심판하는 유일한 초월적 존재였다. 그분의 활동은 여전히 지배하시고 섭리에 따라 모든 존재를 인도하는 분으로서의 그것이었다. 야훼께서는 바로 이스라엘의 아버지였다(신명 32,6: 예레 3,4.19; 31,9: 이사 63,16 참조). 그러나 아버지 하느님에 대해 예수가 받아들이는 방법은 독특하였다. 그는 하느님을 개인적이고 인간적인 뉘앙스로 **"아빠"**라고 부르고(마르 14,36), 하느님이 아버지시라는 것을 새로운 형태, 곧 기도 안에서 인식하도록 제자들에게 가르쳤다(마태 6,9-13: 루가 11,2-4). 아버지 하느님에 대한 예수의 가르침은 공관복음서와 요한 복음서에서는 강조점이 다르며 후자에서는 완성된 형태로 제시되었다. 그러나 어쨌든 그 가르침의 원형은 예수 자신에게까지 거슬러올라갈 수 있다.

d. 예수의 가르침의 네번째 주제는 예수 자신의 존재, 하느님 구원의 새로운 형태 안에 자신의 역할에 관계된 것이다. 그는 죄를 용서하고 성서 안에 있는 하느님의 말씀을 해석할 수 있는 하느님의 대리자로서 행동하였다. 그리고 인간 속에 잠재한 죄와 항상 대결하고 죄에 대한 하느님의 용서가 바로 예수 자신을 통해서 주어진다는 것을 설명하고 있다. 우리는 예수의 선교활동의 일면을 율법학자나 구약성서에 근거해 널리 전해 내려온 신앙이나 관습을 부정하려는 태도, 예를 들면 간통에 대한 태도(마태 5,27), 이혼에 대한 태도(마르 10,2-12: 루가 16,18) 등에서 찾아볼 수 있다.

　이렇게 해서 예수가 모세, 성서 그리고 하느님에 대해서 취한 자세를 통해서 우리는 그에 관해 많은 것을 알게 된 것이다. 그것은 암시적이고 간접적일 수밖에 없지만, 예수의 가르침과 선교활동 및 인품은 그를 접한 사람들에게 영향을 주고 그들에게 예수께서 동시대의 다른 선생들이나 옛날 예언자와는 다른 인물이라는 인상을 준 것이다(마르 1,22).

e. 끝으로 예수의 가르침은 인간생활에서 사랑의 역할을 새삼스럽게 강조하는 것이다. 구약성서도 하느님께 대한 사랑과 이웃에 대한 사랑을 강조한다(유다인

동포의 개념: 신명 6,4-5; 레위 19,18). 그러나 예수는 그 가르침을 반복해서 강조할(마르 12,30-31) 뿐 아니라, 원수에 대한 사랑도 덧붙이고(마태 5,44) 경건한 이스라엘 사람에게 요구되던 모든 것이 사랑 안에 집약될 수 있음을 감지하고(마태 22,40) 그것이 바로 하느님께 대한 복종의 심화라고 설명한 것이다.

이런 태도는 예수의 다른 특정한 모든 가르침(예를 들면 부자와 가난한 사람, 세금과 로마 제국, 음식과 죄인에 대한 가르침)의 근저에 가로놓여 있는 것이다. 요한 복음서는 그것을 독자적인 형태와 독자적인 강조 방식으로 다음과 같이 말한다. "여러분이 서로 사랑을 나누면 모든 사람이 그것을 보고 여러분이 내 제자들이라는 것을 알게 될 것입니다"(요한 13,35).

현대의 어떤 성서 해석학자는 위에서 나열한 몇 가지 주제에 반대할지도 모른다. 그러나 그것은 결국 역사적 예수 자신에까지 거슬러올라가는 주제를 골라내는 어려움을 제시하는 데 지나지 않는다. 위에 든 주제는 하나하나 그 확실한 근거까지 제시하고 있지는 않지만 여러 가지 복음서 전승 가운데서 특정한 형태로 형성된 것이다.

예수는 하느님 나라에 대해 무엇을 가르쳤는가?

"하느님 나라" 개념은 신약성서 안에 여러 가지 형태로 자주 등장하는데 정경 구약성서에서는 그대로의 형태로는 아니지만 하느님의 왕권 개념으로 여러 곳에서 나타난다. 구약성서 안에 **"하느님 나라"**에 가장 가까운 표현은 *"malkût Yahweh"*(주의 왕국)이다(바빌로니아 유배 후의 1역대 28,5; 제2경전인 지혜 10,10 참조).

a. 하느님의 왕권이라는 말은 인간과 그밖의 모든 피조물에 대한 야훼의 지배를 나타내는 말이었다. 이것은 모든 인간생활에 지배적인 영향력을 가지고 있는 사람에게 인정받은 권위를 나타내는 말이었다(시편 22,28; 45,6; 103,19; 145,11.13; 다니 4,3.34; 1역대 17,14; 29,11).

왕으로서의 하느님의 영향력은 무엇보다도 **"구원적"**인 것으로 이해되었다(제4문 참조). 그러나 동시에 그것은 조언을 주시는 분(왜냐하면 그분은 성전에서 신탁을 통해 조언을 요청받았기 때문이다), 심판하시는 분(하느님이야말로 인간과 국가의 행위에 대해서 심판을 내리시는 분이기 때문이다), 계약을 맺으시는 분〔하느님의 활동은 자비(*hesed*), 정의감(*sedeq, sĕdāqāh*), 성실성(*'ĕmet-*) 그리고 동정(*rahămîm*) 등의 하느님의 지고한 속성에 의해서 결정되었기 때문이다〕이시라는 것과 관련이 있다.

이러한 야훼의 왕으로서의 활동은 특히 바빌로니아 유배 후 종말론적인 면을 지니게 되는데 이것이 **"주의 날"**에 대한 기대와 결부되어 현세적인 면, 곧 인간생활에 대한 하느님의 새로운 개념의 약속뿐만 아니라 하느님의 통치를 받아들이는 모든 존재에게 평화로운 은총과 조화가 주어진다는 기대가 더해졌다(이사 2,2-4; 11,6-9; 미가 4,1-4; 뿐더러 이사 24-27장; 즈가 9-14장에서는 묵시적 무대의 소도구로 이야기되고 있다).

b. 예수의 가르침 중에 **"하느님 나라"**(또는 "하늘나라")는 하느님의 새로운 구원계획을 사람들에게 알리기 위한 특별한 표현방식이었다. 쿰란 문서에도 야훼의 **"왕권"**에 관한 구약성서의 가르침을 반영하는 표현은 있다(1QM 12.7: 4Q EnGiantsᵃ 9.6. 등). 그러나 이들 문서에는 **"하느님 나라"** 또는 **"하늘나라"**(마태오 복음서 안에서 "하느님"에 대한 유다적 완곡법)라는 표현은 거의 나타나지 않는다. 여기서 생기는 문제는 이런 표현이 당시 팔레스틴 유다인 사이에 어느 정도로 널리 사용되고 있었는가 하는 것이다. 이런 의미에서 이 하느님 나라라는 개념이 정경 복음서 중 예수의 가르침 안에서 강조되고 있다는 것은 의미를 가진다. 그러나 특히 주목할 만한 것은 예수가 **하느님 나라** 또는 **왕권**에 대해서 이미 사람들이 이해하고 있음을 전제로 해서 거의 설명을 더하지 않는다는 것이다. 이렇게 **왕권** 개념에는 구원적인 면과 현세적인(종말론) 면이 모두 강조되고 있다는 사실은 예수의 **왕국**에 대한 가르침에는 공간적인 요소도 포함되어 있음을 상기시킨다. 즉, 그곳에 **"들어"**갈 수도 있고(마르 9.47: 10.23-25), 그리고 그것을 **"상속받을"** 수도 있다(마태 25.34). 때때로 묵시적인 소도구가 **하느님 나라**의 가르침 안에 사용되는 것은 **하느님 나라**는 하느님의 지배를 가시화하여 우주적으로 형상화한 것임을 사람들에게 이해시키기 위해서이다. **하느님 나라**에 대한 이와 같은 묵시적인 견해는 하느님 나라를 단순히 내면적인 실재와 인간의 마음의 태도라고 보는 단순 소박한 이해방식에 빠지지 않기 위해 도움이 된 것이다.

후대 교회의 덧붙임을 삭제하면 예수의 비유 이야기는 흔히 **하느님 나라**를 인간세계에서 이루어지는 하느님의 활동의 현실적인 모습으로 묘사하고 있다. **하느님 나라**는 인간세계에서 성장하고 신비적인 방법으로 조용히 그러나 확실히 확산되면서 비로소 그 힘이 "나타난다". 하느님 나라의 구현은 설령 그 여파 속에(결과로서가 아니다) 악이 나타나는 일은 있어도 예수에 의해서 그 실현의 성공이 보증된 것이다.

c. **왕국**에 대한 예수의 가르침 가운데서 가장 중요한 문제 중의 하나는 **종말론**에 관한 것이다. 우리는 **하느님 나라**의 도래를 시간적으로 임박한 것으로 예

수께서 가르쳤다고 이해해야 할 것인가? 이 점에서 신약성서 해석학자들의 의견은 구구하다. 이 문제를 생각하는 사람이 다 제각각 다른 답을 제시하고 있다. 도드C. H. Dodd는 이것이 이미 "**실현됐다**"고 생각했다. 즉, 하느님 나라는 예수 자신에 의해서 이미 이루어졌다는 것이다. 어떤 사람은 "**가까이 임박한 미래**", 즉 가까운 장래에 갑자기 도래한다고 생각한다(A. Schweitzer, R. Bultmann 등). 또 어떤 사람은 "**벌써 시작했다**"(J. Jeremias), 즉 실현 과정에 있거나 현재에서 장래를 거쳐서 실현된다(W. G. Kümmel)고 한다.

문제는 복음의 전승 자료가 복잡하게 갈라져 있어서 그들 모두를 하나로 정리할 수 없다는 데 있다. 복음서 저자인 루가는 재림이 좀처럼 실현되지 않기 때문에 예수의 말씀에 손을 대었음이 분명하다. 큄멜Kümmel이나 예레미아스J. Jeremias의 해석은 다른 견해보다도 타당성 있게 시작된다. 왜냐하면 **하느님 나라**의 실현에 관한 예수의 말씀은 "**주의 날**"에 관한 구약성서의 기술을 거의 그대로 반영하고 있기 때문이다. 그러나 결국은 "**왕국**"의 도래가 어느 정도 가까웠느냐에 대해서 나자렛 예수가 실제로 어떻게 설명하고 있는지 확실한 것은 알 수 없다.

d. 공관복음서 가운데서 예수는 인간세계에서 하느님의 활동에 대한 새로운 모습을 사람들에게 전하고 있다. 루가 복음은 예수를 바로 **하느님 나라**의 설교자로 묘사하고 있음에 반해 마르코와 마태오 양 복음서는 예수를 말씀과 능력으로 왕권을 인간세계에 확립하는 분으로 묘사하고 있다(마르 1,14-15: 마태 12,28 참조. 더구나 루가에서는 세례자 요한은 **왕국**의 설교자로서 다루어지지 않는다는 것에 주의할 필요가 있다). 다니 7,18에서 "**왕국**"이 "**거룩한 백성들**"(이스라엘 공동체)에게 약속된 데 반해서 마태오 복음서에서는 예수 자신이 그와 같은 왕국에 대한 권위를 선언하고(마태 28,18: 16,28), 그의 권위에 근거한 모든 권능의 이름으로 신봉자에게 가서 제자를 삼으며 그의 이름으로 세례를 주고 설교를 하도록 명하고 있다(마르 16,15와 비교하자). 이들 마태오와 마르코 양 복음서의 마지막 부분에서 왕국에 대한 예수의 가르침을 보면 초대교회의 마지막 수십 년 사이에 특정하게 손이 가해졌음을 알 수 있다.

e. 마지막으로 신약성서 몇 대목에서 예수 자신의 왕국에 대한 언급이 있다(루가 23,42; 요한 18,36-37; 골로 1,13). 이와 같은 가르침은 과연 예수 자신의 가르침으로 소급할 수 있는지 여부는 풀기 어려운 문제이다. 오히려 그것은 좀더 진전된 후대의 그리스도론(1고린 15,24-28 참조)이나 교회(아들인 그리스도의 나라)와 **하느님 나라**의 관계의 고찰에서 생긴 것으로 생각된다.

예수의 말씀, 비유 이야기 및 산상설교를
어떻게 이해해야 하는가?

공관복음서의 예수의 말씀과 요한 전승의 예수 말씀은 구분되어야 한다. 공관복음서 안에 나타난 예수 말씀에 관한 자료는 일반적으로 세 가지로, 즉 격리된 말씀, 비유 이야기, 선언(불트만이 경구apophthegma라고 부른 것) 등으로 구분된다. 이 중 마지막 것은 공관복음서의 이야기 전승, 즉 예수의 선언이나 경구를 전할 목적으로 씌어진 이야기 안에서 예수의 가르침을 전달하는 형태로 나타난다. 그 한 예는 예수에게 로마 황제의 초상이 새겨진 은 데나리온 동전을 보여주었을 때 **"카이사르의 것은 카이사르에게 …"**라고 대답했다는 이야기(마르 12.17)이다. 이 극적인 이야기는 그것이 포함하고 있는 예수의 말씀을 남길 목적만으로 전해진 것이라 할 수 있다. 또 하나의 예로는 제자들이 안식일에 밀 이삭을 자르는 것을 보고 비난하는 바리사이파 사람들에게 예수는 **"안식일이 사람을 위해 생겼지 사람이 안식일을 위해 생기지는 않았다"**(마르 2.27)라고 대답했다는 이야기가 있다.

a. 격리되어 있는 예수의 말씀은 초기 그리스도교 공동체 사이에 이야기로 전해지면서 그 역사적 맥락이 간과되고 있어서 아무런 관련이 없는 다른 복음서 자료와 결부되어 나타난 것이다. 그 한 예로 **"사실 숨겨진 것은 드러나게 하고 감추어진 것도 알려져서 드러나게 마련입니다"**라는 말씀(루가 8.17)으로 이것은 루가가 마르코 자료에서 받아들인 것이며(마르 4.22), 다시 이것은 루가 복음서의 다른 곳에서 모양을 바꿔 나타난다(루가 12.2). 똑같은 말씀이 마태오 복음에도 있는 것으로 보아(마태 10.26) 이것은 소위 Q 자료에서 받아들인 것임을 알 수 있다.

　이러한 격리된 말씀은 불트만이 지적한 바와같이 ① 격언, ② 예언적이고 묵시적인 말씀, ③ 율법에 관한 말씀 및 교회 규칙 그리고 ④ "나"에 대한 말씀으로 분류할 수 있다. 셋째 범주에 속한 말씀 중 일부는 후에 그리스도 교회의 여러 문제를 반영하고 있다. 만약 그 가운데 진정한 핵심을 포함한 말씀이 있다면 적어도 그것은 그와 같은 문제를 근거로 해서 후세에 다시 씌어진 것으로 이해해야 한다.

b. 공관복음서의 예수의 말씀 가운데 두드러지게 특징적인 것은 비유 이야기다. 요한 전승에는 소위 **비유 이야기**_parabolai_는 없고 오직 한 번만 **비유적인 말씀**_paroimia_을 전할 뿐이다(요한 10.6. 바로 전의 목자와 양의 이야기와 관련해서 하신 말씀, 요한 10.2.5.9도 참조).

　공관복음서의 비유 이야기는 대부분의 경우 넓은 의미의 직유直喩이다. 이야기 줄거리는 허구fiction이면서 인간의 삶의 방식(특히 셈족의 색채가 짙은 초세기의 팔레스틴의 생활)에 딱들어맞는다. 그러한 이야기는(**하느님 나라**, 하느님의 자비, 제자들의 행동 등에 관한) 진리를 구체적인 예를 들어 가르치는데, 때로는 신기하고 귀에 익지 않은 그리고 색다른 표현이 사용되면서 듣는 이를 생각하게 하고 반성을 촉구하는 것이다. 대부분의 비유 이야기는 오직 한 가지 점을 대비시키는데, 비유 안에서는 다양한 인물 또는 요소를 대비시키는 것이 몇 개 있다(예를 들면 마르 12.1-12의 포도원의 악한 소작인의 비유 이야기).

　대부분의 비유 이야기는 **하느님 나라**, 하느님 및 제자들이 취해야 할 행동 등에 대해서 특별히 중요한 면을 강조하기 위한 교육적 수단으로 사용되고 있으나 흔히 그 의미를 파악하기는 어렵다. 이 난해성 때문에 후에 여러 가지 "해석"이 생기고 그것이 복음서 저자나 그들이 사용한 전승에 의해 흔히 예수 자신이 한 말씀인 것처럼 다루어지고 있다. 그 한 예는 마르 4.3-20의 **씨 뿌리는 사람**의 비유 이야기다: 3-8절은 비유 이야기 자체, 9절은 격리된 예수의 말씀, 10-13절은 예수가 왜 비유 이야기를 사용하였는지에 대한 초대교회의 설명 그리고 **14-20절은 씨 뿌리는 사람**의 비유 이야기에 대한 초대교회의 해설이다.

또 한 예로서 루가 16,1-13의 **부정한 관리인**에 대한 비유 이야기를 들 수
있다. 1-8a절은 비유 이야기 자체, 그러나 8b-9절과 10-12절 및 13절은 이 비
유 이야기의 세 가지 다른 우의적寓意的 해석을 제시하고 있다. 즉, 이 비유 이
야기의 진정한 목적을 넘어서 1-8a절의 이야기에 대한 세 가지 다른 훈계적인
해석을 내리고 있는 것이다. 더욱이 J. Jeremias, *The Parables of Jesus:
Revised Edition* (New York: Scribner, 1963); R. E. Brown, *The Parables
of the Gospels* (Glen Rock, N. J.: Paulist, 1963); J. A. Fitzmyer, *Essays on
the Semitic Background of the New Testament*, 161-84를 보라.

c. 성서 해석자들이 공관복음서 전승 안의 예수 말씀, 비유 이야기 및 선언을
연구할 때 후세의 편집상의 부가물을 제거하고 예수의 말씀이나 비유 이야기를
본래의 모습으로 복원하는 데만 관심을 가지는 것은 아니다. 그러한 말씀이나
비유 이야기를 그것이 씌어진 복음서의 본문 안에서 이해하고 그러한 말씀이
현대의 독자에게 있어서 어떠한 의미를 가지고 있는지를 탐구하는 것도 연구의
대상인 것이다.

복음서 저자가 편집한 결과는 흔히 예수의 원래의 말씀과 똑같이 현대 그리
스도인에게 중요한 신학적 의미와 설득력을 가지고 있다. 예를 들면 기도가 이
루어지는 데 대한 예수의 말씀에 루가가 **"성령"**의 요소를 바꾸어 붙인 예가 있
다. 즉, "여러분은 악한데도 여러분의 자녀들에게 좋은 선물을 줄 줄 안다면,
하늘에 계신 아버지께서야 당신에게 청하는 이들에게 얼마나 후하게 성령을 주
시겠습니까?"(루가 11,13)가 그것이다.

이것을 마태 7,11에 있는 Q 자료의 더 본래적인 형태와 비교해 보면 루가는
그리스도인의 생활에서의 성령의 역할을 강조하고 있다는 것을 알 수 있다. 독
자 가운데는 이와같이 예수의 말씀에 **"손을 대는"** 데 대해 그것이 설령 성령에
인도된 복음서 저자에 의해서 이루어진 것이라 하더라도 저항을 느끼는 사람이
있을지도 모른다. 예수께서 같은 내용의 것을 각기 다른 기회에 다른 형태로
표현한 것이라고 생각할지도 모른다. 그 해석도 분명히 이론적으로는 가능할

것이다. 그러나 성서 안에 그러한 예의 빈도와 복잡한 구성을 생각해 보면 그렇게 해석하는 것은 충분한 해결법이라고 할 수 없다.

d. 다음으로 요한 복음서 안의 예수의 말씀에 눈을 돌리면 공관복음서의 말씀과는 아무런 관계도 없고 전혀 다른 전승에서 받아들인 것으로 보이는 말씀을 만나게 된다. 불트만은 일찍이 요한 복음서의 자료를 ① 표시 자료 ② 계시 강화 자료 ③ 수난 및 부활 이야기 등의 세 가지로 나누었다. 그리고 불트만은 요한 복음서의 예수의 말씀은 두번째 계시 설교 자료에서 받아들였다고 보았다. 그러나 그의 견해에는 많은 문제가 있으며 요한 복음서의 자료에 관한 그의 설도 오늘날에는 의문시되고 있다.

그러나 불트만의 분류는 적어도 요한 복음서 자료의 다양성을 독자에게 인식시켜 준다. 요한 복음서에 나오는 예수의 말씀은 이전의 자료에서 받아들인 것이라기보다는 대화나 이야기를 자신의 목적에 맞게 재구성한 한 사람의 저자(그리고 적어도 한 사람의 편집자)에 의해서 씌어진 것이라고 보아야 할 것이다. 그래서 예수의 말씀에는 흔히 중복이 나타나는데 이는 같은 복음서에 짜넣은 같은 설교의 다른 몇 가지 형태를 나타내고 있는 것으로 생각된다. 그것은 완전한 창작이 아니고 다만 역사적 사실로 생각되는 것에 많은 다른 요소(특히 저자의 해석적 명상)가 더해진 것이다.

요한 복음서의 예수의 말씀과 공관복음서의 말씀과의 차이는 단지 문체나 문법 등의 언어상의 문제만 아니고 개념이나 이미지로 표현되어 있는 차이이다. 요한 복음서의 예수의 말씀의 특징으로는 빛과 어둠, 진실과 거짓, 천상과 지상의 이원론적 대비, 아버지와 아들의 대조, 공관복음서와는 다른 **"나는 … 이다"**라는 예수의 말씀(거기서는 **"나는 … 이다"**라고 단정적으로 사용되거나 상징적인 술어를 수반하고 있다), 그리고(**생명의 물, 생명의 빵, 세상의 빛, 양우리의 문** 등) 구원을 나타내는 특수한 개념 등을 들 수 있다. 요한 복음서에 표현되어 있는 이러한 말들은 공관복음서에는 거의 나타나지 않는 **"위로부터의"** 그리스도론에 뒷받침된 예수관이다. 요한 복음서의 예수의 설교는 **"예로부터 전승된 말씀과 후세에 더해진 해**

석으로 이루어졌다(R. E. Brown)고 할 수 있으며, 전자보다도 후자 쪽이 많이 포함되어 있는 것이 확실하다. 요한 복음서가 나오게 된 초기교회의 상황에 대한 해석은 R. E. Brown, *The Community of the Beloved Disciple* (New York: Paulist, 1979)을 참조.

e. 산상설교(마태 5.1 - 7.27)에 대해서 말하자면 마태오가 예수 말씀을 많이 보존하였음을 새삼 깨닫게 된다. 마태오의 99절로 이루어진 이 부분은 루가 복음서의 30절로 이루어진 **평지설교**(6.20-49)에 대비된다. 양쪽 모두 예수께서 갈릴래아 선교의 초기에 행한 중요한 긴 설교에 대한 제자들의 기억을 전하고 있다(마르 4장 1-33절의 예수가 비유 이야기를 통해서 행한 설교도 같은 기억에 의거한 것일 수 있다).

　루가와 마태오 양 복음서에 나오는 설교는 서로 관련이 있다. 기본적인 주제 — 하느님의 권위에 의거해서 제자들에게 요청된 의로움 — 와 서두(행복한 사람의 정의)도 공통되고(수는 다르다), 결론(두 개의 집 비유 이야기)도 같으며 일반적인 정황 설정도 같다. 양자 모두 산에 대해 말하고(마태 5.1: 루가 6.12.17) 설교를 선교활동의 시작으로 한다. 더욱이 양 복음서 모두 설교에 이어서 예수가 백인대장의 종을 낫게 한 에피소드를 이야기하고 있다(마태 8.5-13: 루가 7.1-10).

　마태오 복음서의 설교가 길게 기술된 데 대해서는 다음 두 가지로 설명하고 있다. 그 한 가지는 루가 복음서에서는 유다인 그리스도 교회에서만 의미를 가지는 자료(예를 들면 마태 5.17.19-20.21-24.27-28.33-39a.43: 6.1-8.16-18: 7.6.15에 상당한 부분)가 생략되었다는 것이며, 다른 하나는 루가가 다른 대목(예를 들면 루가 9.51 - 18.14의 예수의 선교여행)을 길게 기술하기 위해 사용한 예수의 말씀을 마태오는 이 설교의 장면에 많이 수록했다는 것이다. 이와같이 양 복음서 저자의 자료 취급 방법의 차이는 제각기 Q 자료를 어떻게 사용하였는가를 보여주고 있다. 즉, 그들은 자신의 복음서에서 중요하다고 생각한 대목에 제각기 격리된 예수의 말씀이나 비유 이야기를 적당히 삽입하고 있는 것이다.

　마태오 복음서의 산상설교는 매우 주의깊게 구성되어 있다. 그것은 ① 서두(5.3-16 **행복**의 정의), ② 주제(5.17-20 특히 20절은 그 이하의 설교의 전체 구성에 유용하다), ③ 율법학자들이 말하는 의로움(5.21-48. 여섯 가지 예로부터의 계명을 올바로 지키는 방법), 위선자가 말하는 의로움(6.1-18. 바리사이파 사람들의 신심, 자선, 기도, 단식에 대해서), ④ 예수의 제자들에게 요청된 의로움(6.19 - 7.27. 원자료 가운데 격리된 예수의 말씀과 연결해서 하느님의 새로운 왕권에 의해서 요청된 인간의 변혁을 설명)으로 이루어져 있다.

산상설교 중의 대부분의 내용은 분명히 예수 자신에게로 소급될 수 있지만 일부의 것은 분명히 마태오에 의해서 구성된 것이다. 그것은 예를 들면 이혼금지에 관한 말씀 가운데 예외를 인정하는 말씀(5.32: 19.9 참조)으로, 마태오 복음서 밖에서는 인정되지 않는다(이것은 1고린 7.10-11에 나타난 제일 소박한 형태, 더욱이 마르 10.11-12에 나타난 개작된 형태와 비교해 보면 후자 모두 예외를 인정하지 않는 무조건적인 금지임을 알 수 있다). 이에 대해서 좀더 상세한 설명을 원한다면 나의 논문 "The Matthean Divorce Texts and Some New Palestinian Evidence", *TS* 37(1976) 197-226: reprinted in *To Advance the Gospel: New Testament Studies* (New York: Crossroad, 1981) 79-111을 참조할 수 있겠다. 마태 6.9의 **"주의 기도"** 역시 마태오의 구성에 의한 것이다(마태 5.16.45.48: 6.1.14를 그대로! 루가 11.2와 비교하라).

결국 설교는 완전주의자의 규범도 이 세상에서의 도덕률도, 실행 불가능한 이상의 나열도, 유토피아적인 꿈도 그리고 새로운 토라(율법)도 아니다. 그것은 마태오가 이해한 인간생활의 변혁을 바라는 예수의 기본적인 요청인 것이다.

예수가 행한 기적들에 관한 복음서의 기술들을
어떻게 이해해야 하는가?

예수의 기적에 대한 공관복음서의 전승과 요한 복음서의 전승은 구분해야 한다. 공관복음서 전승에는 네 종류의 기적 이야기가 수록되어 있다. ① 병을 고친 이야기(대개 열다섯 번), ② 악령을 쫓아낸 이야기(다섯 번), ③ 죽은 사람을 소생시킨 이야기(두 번), ④ 자연 현상에 관한 기적 이야기(여섯 번. 단 그 가운데 마태 17,24-27의 물고기 속의 은전 이야기는 그 결말이 알 수 없기 때문에 기적 이야기라고밖에 말할 수 없는)가 그것이다.

한편 요한 복음서에서는 소위 **표징의 책**(1-12장) 가운데 일곱 이야기, 그리고 부록에 해당하는 21장에 또 하나의 이야기가 포함되었다. 이들 가운데 세 개는 병자를 고친 이야기, 하나는 죽은 사람을 소생시킨 이야기, 네 개는 자연 현상에 관련된 기적 이야기이다. 마지막 자연 현상에 관한 이야기 가운데 두 개는 공관복음서에도 나타난다. 그것은 예수가 오천 명의 군중에게 음식을 준 이야기(6,45-53 참조)이다. 요한 복음서에는 악령을 쫓아낸 이야기가 없다. 이것이 악령을 쫓아낸 것에 대해 진보된 이해를 말하는 것일까? 하여간 요한 10,21에 마귀에 관한 질문이 실려 있는데, 이것이 요한 복음서에 기재되어 있는 마귀들린 영혼에 관한 유일한 언급이다.

a. 여기서 중요한 것은 예수의 기적에 대한 전승에는 서로 독립된 많은 증언이 있다는 것이다. 이것들은 전승 내에서 예수의 말씀 못지않게 중요시되고 있다. 공관복음서와 요한 복음서는 모두 독립적으로 예수의 기적에 대해 증언하고 있다. 그래서 예수의 기적은 예수의 말씀 못지않게 중요한 것으로 생각되는 전승의 일부를 이룬다. 사실 기적은 초기(제3단계 전) 전승의 일부이다. 기적을 행하는 분으로서의 예수는 중요한 말씀과 비유 이야기를 하신 분으로서의 예수와 마찬

가지로 오래된 전승에 속한다는 증거가 엄존한다. 이 점에 관해서는 "놀라운 행위를 하는 분"(*Paradoxōn ergōn poiētēs*)으로서의 예수에 대한 요세푸스Josephus의 성서 외의 증언을 상기시키는 것이 더 나을 것이다(*Ant.* 18.3.3 §63).

b. 또 하나 중요한 것은 이러한 행위에 대한 술어(용어)이다. 즉, "기적"miracles이라는 술어를 사용하지 않는다는 것이다(영어의 "miracles"는 후대 라틴어 신학용어인 mira-culum에서 생긴 말로서, 흔히 시대착오적인 뜻을 함축하고 예수의 기적적인 행위를 표현하는 데 사용되었다).

공관복음서에는 예수의 기적적 행위를 보통 ***dynameis***(힘있는 행위 또는 능력)라고 일컫고 있다(마르 6.2.5; 루가 10.13; 19.37; 마태 13.54). 그에 반해서 요한 복음서에서는 ***erga***(일 또는 행위, 5.36; 10.25.32) 또는 ***sēmeia***(표징: 2.11; 4.54; 9.16)가 사용되었다. 이 *sēmeia*라는 말은 복음서의 기적 이야기, 소위 자연법칙을 넘어선 행위에서 복음서의 이야기가 예외없이 다루는 그 종교적 가치 및 의의에로 우리의 관심을 집중시킨다. 그리고 *dynameis*는 예수라는 사람과 그가 알린 하느님 나라와 어떤 관련성이 있는 것처럼 생각케 한다. 이상과 같은 의미에서 둘 다 그리스도론적인 양상을 지닌다고 할 수 있다.

이에 반해서 루가는 사도 2.22에 나자렛 예수에 관해서 **"하느님께서는 여러분을 위해 나자렛 사람 예수를 권능과 기적과 표징들로 인증해 주셨습니다"**라고 함으로써 호교론적인 요소를 덧붙였다. 그러나 루가조차도 이러한 기적의 사고방식에서 종종 도출되는 결론, 즉 기적이 예수가 하느님이라는 사실 또는(전통적 호교론에서 말하고 있는 바와 같은) 예수의 신성神性을 믿는 타당한 근거가 된다는 결론에까지 이르지는 않았다. 루가에 있어서 예수는 오히려 하느님에 의해서 보증된 하느님의 대리자이며 후에 베드로의 입을 통해 말한 것처럼 바로 **"주님이시고 그리스도(메시아)"**이신 것이다(사도 2.36).

그리고 다른 공관복음서에서는 예수의 기적은 하느님의 위광威光이 새롭게 인간 역사, 특히 팔레스틴 유다교 역사 안에 침투하고 있음을 선포하는 데 사용되고, 또한 하느님의 왕권에 대한 새로운 이해가 확실하다는 것의 구체적인 증거인 것이다.

c. 복음서의 기적 이야기는 현대 독자에게 신빙성이 문제시된다. 예수의 기적에 대한 전승이 확실한 것이라 할지라도 그것은 복음서의 기적 하나하나의 역사성이 보증됐다는 것을 의미하는 것은 아니다. 이와 관련해서 다음과 같은 점을 상기해야 한다. 첫째, 어떤 기적 이야기에는 민간신앙적인 요소가 더해졌다. 그 한 예는 기적 이야기 가운데서도 가장 기괴한 이야기, 즉 더러운 영에 사로잡힌 게라사 사람과 돼지떼 이야기(마르 5,1-20)이다. 여기서 덧붙여진 요소의 흔적은 "그는 물러가서 예수께서 자기에게 행하신 일을 데카폴리스 지방에 알리기 시작했다"는 결말에서 볼 수 있다. 또한 이 이야기에 나오는 바다(마르 5,13: 루가 8,33에서는 **호수**로 고쳐졌다)의 위치를 역사적으로 확인하고자 시도했지만 모두 성공하지 못했다. 사본전승寫本傳承은 세 위치를 들고 있다. 그 가운데 둘은 게라사 Gerasa(지금의 **에쉬**이고 티베리아호의 동남쪽 30마일)와 가다라Gadara(같은 호수의 동남쪽 6마일)인데 모두 호수와 떨어져 있다. 세번째 장소는 호수의 동쪽 끝에 있던 소위 게르게사Gergesa인데 이것도 방증이 없다. 이 이름은 종종 오리게네스Origenes로 거슬러 올라가는데, 이는 이 위치 문제를 해결하기 위해 특별히 씌어진 것으로 보이는 그보다 더 오래된 어느 전승에 의거한 것이라고 생각된다. 만약 요한네스 바이스Johannes Weiss가 말하는 것처럼 더러운 영에 의해 발작을 일으킨 돼지떼가 그토록 먼 절벽에까지 달려갔다고 한다면 그 녀석들은 역사상 가장 힘이 넘치는 돼지들이었으리라고 할 수 있다(결국 이 이야기는 외경 복음서의 예수 유년기 전승에 나타난 이야기와 같은 류의 것이고 기적 이야기 전승의 한 정점을 형성한다. 그것이 신약성서의 문서 전체에까지 들어온 것이다. 이에 반해 다른 기적 이야기의 대부분은 종종 놀라울 만큼 냉정한 태도로 씌어져 있다).

두번째로 상기해야 할 점은 예수가 병자를 치유하거나 더러운 영을 쫓아내거나 하는 이야기 안에는 분명히 원시적인 사고방식이 자리하고 있다는 것이다. 오늘날 우리가 정신병이라 일컫는 병에 걸린 사람을 더러운 영에 사로잡힌 사람이라 하고 있다. 당시의 목격자가 그 병의 원인을 정확히 밝혀내지 못하므로 더러운(악) 영의 소행으로 여겼기 때문이다.

그리고 마르 9,14-29에는 아버지가 "벙어리 영이 들러붙었다"고 말하며 데리고 온 소년에게서 예수가 벙어리요 귀머거리인 영을 쫓아내는 이야기가 나온

다. 뿐더러 같은 사건이 다뤄지고 있는 마태 17,15에서는 그 소년이 "간질병에
몹시 시달린다"고 되어 있다. 오늘날 이 이야기를 읽는 사람은 누구나 그 소년
이 간질병이었음을 곧 알게 될 것이다.

지금 여기서 문제로 삼고 있는 것은 **"더러운(악) 영에 의한 병"**(또는 "악령에 의
한 재난")이라고 일컫는 바의 것이다. 이는 곧 병과 재난의 원인으로 악령을 상징
하는 사고방식이다. 루가 4,39에 의하면 예수는 시몬(베드로)의 장모의 일을 "꾸
짖으셨다"고 전하고 있다(마르 1,31; 마태 8,15와 비교하자). 즉, 루가는 예수가 당시 고
열의 원인으로 간주된 **악령을 꾸짖으신 것**이라고 생각한 것이다. 마찬가지로
마르 4,39 이하에서는 예수는 바람과 풍랑을 꾸짖으셨다고 전한다. 즉, 회오리
바람을 일으킨다고 생각된 악마 또는 악령을 꾸짖으신 것이다. 분명히 예수도
옛날 사고방식을 가지고 있었다. 예수도 시대의 아들이었던 것이다.

세번째로 유의해야 할 점은 설령 위에서 말한 것처럼 몇몇 기적 이야기에 나
타나는 기괴한 것 혹은 원시적인 사고방식을 어느 정도 해명하더라도 훨씬 근
본적인 문제가 남는다는 것이다. 만약 실제로는 예수가 악령을 내쫓는 것이 아
니라 단지 정신적으로 병든 사람을 치유한 것이라 한다면 이는 기적이라 말할
정도의 것은 아니지 않을까? 사실 신약성서 해석자의 일부(R. Bultmann과 몇몇 추종자
들)는 신약성서 중의 예수의 기적에 대한 전승을 모두 복음서의 헬레니즘적 배
경으로 돌림으로써, 그리고 예수를 또한 신적인 사람(theios anēr), 또는 그리스-
로마 세계에서 말하는 **기적을 행하는 사람**(thaumaturge)으로 묘사하고자 한 고
대 그리스도인의 관심으로 돌림으로써 무가치한 것으로 본다. 확실히 당시의
문헌 가운데 복음서의 기적 이야기와 비슷한 이야기를 찾아낼 수 있다(양식상으로
도 같은 것까지 있다).

그러나 문제는 우리가 오늘날 접하는 기적 이야기를 어느 정도까지 헬레니즘
그리스도교에 돌릴 수 있느냐는 것이다. 쿰란 동굴 1호에서 발견된 「**외경 창
세기**」Genesis Apocryphon는 조안Zoan이라는 왕(파라오)이 있었는데, 그는 아브라함의
아내 사라를 납치했고, 그 일로 인해 악령이 보내졌고, 그 악령에 의해 병이
유발되었으며, 그 병이 바로 아브라함에 의해서 치유되었다는 이야기를 전하고

있다. 그때 아브라함은 파라오 위에 손을 얹고 왕을 위해 기도하고 있다(20.29:
루가 4.40-41 참조). 이것은 기적에 의한 치유가 그리스-로마 세계만이 아니라 더
좁은 팔레스틴 유다 사회의 문헌 가운데서도 알려졌다는 것을 가리키고 있다.
그러므로 팔레스틴 유다 역사가인 요세푸스는 구약성서 가운데의 기적 이야기
를 하느님의 **섭리**_pronoia_, 또는 **힘**_dynamis_의 현상으로 받아들이는 데 아무런 어
려움도 느끼지 않았던 것이다(_Ant._ 2.16.1 §336 참조).

그러나 바울로는 그의 서신 안에서 자기 자신의 생애에서 체험한 기적에 대
해서 말하는 일은 있어도(2고린 12.12: 1고린 12.10.28.29: 갈라 3.5 참조), 예수의 기적에
대해서는 전혀 관심을 나타내지 않는다. 그렇다면 사도행전에서 바울로가 최후
의 만찬 이전의 예수의 기적에 대해 말하고 있는 것(2.22: 10.38)은 분명히 그 자
신이 청취한 복음에 근거한 것이며, 독자성을 지닌 증언이 아니다.

네번째로 복음서의 기적 이야기와 관련해서 다음과 같은 다른 몇 가지 면을
고려해야 한다는 것이다.

① 설령 악마, 바리사이파 사람들, 헤로데 왕, 또는 대중이 예수에게 그가
하느님께서 보내셨다는 것의 증거로서 기적 또는 **징표**를 요구해도 예수는 자신
의 이익을 위해서나 또는 같은 시대 사람들의 호기심을 만족시키기 위해 기적
을 행하는 것을 단호히 거부했다고 복음서 저자들은 증언하고 있다(마르 6.5a:
8.11-13: 15.31-32: 마태 4.5-7: 루가 4.9-12: 23.8-9).

② 복음서에는 베드로가 아나니아와 삽피라를, 바울로가 점장이 엘리마를,
천사가 즈가리야를 각각 벌하기 위해 기적을 행한 이야기는(사도 5.1-11: 13.10-11:
루가 1.20. 이 세 가지 예가 모두 루가가 쓴 것이라는 점에 주의) 있지만 예수가 기적을 사용해서
사람을 벌한 예는 하나도 없다. 예수가 열매 없는 무화과나무에 저주의 말씀을
하였다는 기사가 있기는 하지만 이는 예수가 예루살렘 성전의 운명을 상징적으
로 사람들에게 알리기 위해 인간 이외의 생물에 대해서 그 힘을 이용한 것이다
(마르 11.12-25 및 마태 21.18-22 참조, 더구나 루가에서는 생략되어 있다는 데 주의).

③ 성서에 언급된 예수의 기적의 상징적인 가치와 의미를 알 필요가 있다.
여기서 내가 말하는 것은 예수가 빵을 많게 한 기적을 복음서 저자가 나중에

되돌아보고 성찬례를 예고하고 있는 것처럼 묘사한 경우 등과 같이 기적과 결부된 특별한 상징을 말하는 것이 아니다. 내가 강조하고자 하는 것은 기적이 악의 정복을 상징하고 있다는 것이다. 이때 기적은 하느님의 백성을 괴롭히는 여러 악을 근절시키기 위한 새로운 형태의 하느님의 숭고한 활동 형태를 상징하고 있다. 죄·육체적 또는 정신적 질병·자연재해 그리고 죽음 등의 모든 것은 분명히 인간생활에 있어서의 악의 작용이며, 이에 반해서 예수는 **왕국**의 권능자로서 묘사되어 있다. 이로써 위에 말한 악에 대항할 수 있는 힘이 인간 안에 현존하고 있음이 명확히 제시된 것이다.

④ 공관복음서에도 요한 복음서에서도 예수의 기적과 결부시켜 생각할 수 있는 것은 신앙信仰이다. 그것은 악마의 존재에 대한 신앙이 아니라 야훼의 대리자인 예수에게 있다고 증명된 구원의 힘에 대한 신앙이다. 단, 그 신앙은 복음서 이야기의 제1단계에서는 아직도 예수 부활을 전제로 하는 완전한 의미에서의 그리스도교 신앙의 영역에는 도달하지 않았다. 그것은 오히려 예수를 통해서 드러나는 하느님의 섭리에 대한 인식이요, 신뢰인 것이다.

d. 복음서의 기적 이야기에 대해서 오늘날 느끼는 어려움은 결국 철학적인 것이다. 다시 말해서 정말로 하느님이 기적과 같은 특별한 방법으로 인간 역사 안에 개입하고 또 그것이 가능하냐는 것이다. 이것은 유럽의 계몽기 세계관에서 생긴 철학적인 문제로서 그것은 고대 문헌이나 초기 그리스도교의 전승에서 얻은 자료로 해결하고자 하는 오류에 빠진다. 기적 이야기의 중요한 부분을 차지하고 있는 복음서의 이야기는 이와 같은 문제를 해결하기 위해 씌어진 것이 아니다. 더욱이 우리가 살고 있는 세계에 대한 현대철학적 해석은 역사적 문제에 대한 대답일 수 없다. 결국 현대의 어떤 사람은 인간 역사에서의 하느님의 기적적 개입을 믿는다.

필립보의 가이사리아 지방에서 시몬 베드로에게 하신
예수의 말씀을 어떻게 이해해야 하는가?

이 물음은 공관복음서 전승 안에서 **"예수가 메시아"**라고 베드로가 고백하는 장면(마르 8.27-33: 마태 16.13-23: 루가 9.18-22)과 관련된다. 그 일이 일어난 장소를 필립보의 가이사리아라 하는 것은 마르코와 마태오 복음서뿐이며, 루가 복음서는 장소에 대해서는 언급하지 않고 그 에피소드가 일어난 시기는 예수가 갈릴래아 선교를 마칠 무렵 예루살렘 여행을 시작하기 직전으로 간주한다(9.51). 이 에피소드는 루가 복음서 안에 마르코 자료를 사용하지 않는 소위 **대생략**이라 일컫는 부분(마르 6.45 - 8.26) 이후에 다시 마르코 자료를 사용하기 시작하면서 처음으로 나오는 에피소드이다. 필립보의 가이사리아는 갈릴래아 지방 외각에 위치하며 루가는 예수가 그곳에 들렀음을 인정하지 않으려 한다. 루가는 그의 복음의 문학적인 발전과 그것의 지리적인 배분에 있어서 균형을 맞추기 위해 예수가 갈릴래아에서의 자신의 직무를 운명의 도시 예루살렘에로 옮긴 것으로 묘사한다. 그 과정에서 루가는 일종의 기분전환의 장치로 필립보의 가이사리아에서 있었던 에피소드를 첨부해서 배치시킨 것으로 보인다.

a. 많은 성서 해석학자는 요한 6.67-71도 같은 전승에 의하여 위 자료와 관련이 있는 기사라고 생각한다. 이 에피소드는 갈릴래아의 가파르나움 회당에서 일어난 일에 대한 것이며(6.59), 여기서 베드로는 예수가 **"주"**, **"하느님의 거룩한 분"** — 메시아가 아니라 — 이라고 신앙을 고백한다. 이 요한 복음서의 베드로의 신앙고백과 마르코 복음서는 모두 갈릴래아 선교와 관련되어 있는 것으로 보아 상호관련성이 있을 가능성이 있다.

b. 공관복음서의 진술에서는 **"사람들이 나를 누구라고 합니까?"**라고 예수가 제자들에게 물어본다. 이에 대해 제자들은(세례자 요한, 엘리야 및 예언자들 중 한 사람, 마태오에서 "예레미야"를 더한다) 여러 가지로 대답한다. 예수는 다시 **"그러면 여러분은 나를 누구라고 하겠습니까?"**라고 묻고, 이에 대해 베드로가 대답한다. 즉, 마르 8,29에서는 예수를 **"메시아"**(또는 "그리스도" *ho christos*), 루가 9,20에서는 **"하느님의 메시아"**(또는 "하느님의 그리스도"), 마태 16,16에서는 **"살아 계신 하느님의 아들, 메시아"**(또는 "그리스도")라고 고백한다. 이와 같은 베드로의 신앙고백에 관한 전승에서는 분명히 성장 발전의 흔적을 볼 수 있다.

c. 마르코(8,30)와 루가(9,21)에서는 예수가 그 자리에서 당신이 **메시아**라는 것을 누구에게도 말하지 말라고 제자들에게 명하고, 곧이어서 당신의 수난과 죽음(사람의 아들로서의), 부활에 대해서 처음으로 제자들에게 알린다. 다시 마르코 복음서는 루가 복음서에는 생략되어 있는 부분인 예수가 베드로를 붙들고 나무라기 시작했다는 말을 덧붙인다. 이에 대해서 예수는 베드로를 **사탄**이라 부르고 **"하느님의 일은 생각하지 않고 사람들의 일만을 생각하는구나"** 하고 꾸짖는다.

d. 이와같이 베드로의 신앙고백에 관한 제일 오래된 전승(마르 8,27-33)에서 제자들의 대변자였던 베드로는 예수가 메시아라는 것을 인정한다. 그러나 예수가 제자들이 그것을 말하지 못하도록 하고 자신의 장래에 대해 말함으로써 베드로의 말을 정정한 것은 **메시아**라는 호칭을 베드로가 사용한 의미로 받아들이지 않았던 것을 암시해 주고 있다.

베드로나 다른 제자들이 예수를 어느 정도까지 정치적 의미의 메시아로 이해하고 있었는지 오늘날 우리가 확인하기는 쉽지 않다. 예수가 메시아라는 베드로의 인식에 대해 복음서 전승의 제1단계에서는 제2, 제3단계(제3문 참조)의 **구세주**의 의미로 이해할 수 없다는 것은 확실하다. 그러나 베드로의 고백은 미숙하긴 하지만 예수의 신원에 대한 제자들의 인식에 어떠한 돌파구를 마련해 주는 것으로 받아들여야 할 것이다. 그러나 그 호칭은 결코 예수께 대한 충성을 의미하지 않는다. 결국 베드로는 예수의 제자임을 부인하고(14,66-72) 제자들은 예수를 버리고 떠난 것이다(14,50-52). **메시아**라는 호칭의 의미에 대해서는 다시 제18문을 보아주기 바란다.

e. 마르코 복음서 안의 베드로의 신앙고백과 그것에 이어지는 예수의 말씀은 이 복음서의 구성상 하나의 전환점을 형성하고 있다. 그 시점 이전까지는 예수는 사람들이 당신에게 호칭을 붙이지 못하게 한다. 그러나 그 시점 이후에는 같은 복음서에서 그에게 주어진 호칭도 바뀌고 한 이교도 로마 백인대장이 십자가상의 예수를 보고 **"이 사람은 참으로 하느님의 아들이었다"**(15,39)라고 선언할 때 예수가 누구였는지에 대한 증언은 절정에 달한다.

f. 루가 복음서에서 마르코 자료를 사용하는 방식은 세 가지 점에서 주목할 만하다.

① 베드로가 예수에게 부여한 호칭은 기본적으로는 마르코 복음서의 호칭과 같지만 **"하느님의 메시아"**(9,20)라고 좀더 길게 되어 있다.

② 루가 복음서는 베드로의 이의제기와 그에 대한 예수의 꾸짖음을 모두 생략한다. 이것은 제자들이 예수를 마지막까지 혼자 내버려두지 않았다고 하는 루가 복음서 전체 기조에 들어맞는다. 예수가 십자가에 달리는 장면까지 예수 곁에 있던 사람은 갈릴래아에서부터 따라다니던 여자들만이 아니라 예수의 **"친지들"**(*hoi gnōstoi*, 남성명사!)도 있었다. 이것은 제자들이 예수를 버리고 떠나지 않았음을 시사한다. 루가 복음서에서도 베드로가 예수를 부인하긴 하지만 예수는 그들을 위해 기도하며(22,32), 베드로는 곧 회심한다.

③ 베드로의 신앙고백은 루가 복음서에서는 다른 복음서들과는 다른 역할을 수행한다. 거기서는 마태오 복음서만큼 베드로의 역할을 강조하지는 않지만 그로 하여금 그리스도론적으로 중요한 발언을 하게 한다. 같은 복음서의 베드로의 신앙고백은 앞의, 소위 **"대생략"** 때문에 **"그렇다면 내가 들은 이 소문의 주인공은 누구란 말인가?"**라는 헤로데의 중요한 질문(9,9) 바로 뒤에 오고 있

다. 즉, 이것은 제9장에서 물은 질문에 대한 몇 가지 그리스도론적인 대답의 하나로 이야기되고 있다. 이것은 바로 공관복음서 전승을 루가가 독자적인 방식으로 고쳐 쓴 좋은 예이다[이 점에 대해 곁들여 볼 수 있는 책으로 J. A. Fitzmyer, *The Gospel according to Luke* (AB 28-28A; Garden City, NY: Doubleday, 1981, 1985) 756-8이 참조할 만하다].

g. 또한 마태 16,13-16a와 20-23에서 마르코 복음서의 베드로의 신앙고백 이야기를(베드로의 이의제기와 예수의 꾸짖음을) 생략하지 않고 거의 그대로 사용하고 있다. 그러나 다소 가필되었으며(16b-19), 베드로의 신앙고백을 한층 더 긴 형태로 전하고 있다. 예수는 다만 **"메시아"**가 아니라 **"살아 계신 하느님의 아들"**이라고 불린다. 이 베드로의 신앙고백에 대하여 예수는 **"너에게 그것을 알려주신 분은 사람이 아니라 하늘에 계신 내 아버지시니"**라고 대답하며 베드로의 통찰이 하느님께로부터 받은 것임을 인정하고 있다. 그 뒤 예수는 베드로에게 **"베드로스"**petros(남성명사 = 바위)라는 호칭을 주어 그 **"바위"**petra(여성명사) 위에 그의 교회를 세울 것을 약속하고 그 교회에 대한 권한을 준다. 이와같이 시몬 베드로를 축복하고 그에게 중요한 임무를 약속하였다. 그리고 예수는 당신이 메시아라는 사실을 제자들이 입밖에 내지 못하도록 명한다(16,20). 다음 마태오 복음서는 다시 마르코 전승으로 돌아가서 베드로의 이의제기와 예수와 예수의 꾸짖음을 언급한다. 현존하는 마태오 복음서는 마르코 전승에 근거한 이 부분과 앞의 베드로에 대한 축복과 약속 부분이 문맥상 상호 모순된다.

16b-19는 마르코 전승에서 취한 부분에 마태오가 다른 복음서 전승에서 자료를 얻어서 덧붙인 것이다. 요한 21,15-17에는 부활한 그리스도가 갈릴래아의 티베리아 호숫가에서 일곱 제자들 앞에 나타나 시몬 베드로에게 양을 돌보라고 (세 번) 명하고 그 권한을 준 것이 기술되어 있다. 몇 명의 해석학자들은 마태오 16장에서는 예수가 시몬 베드로에게 **바위**의 역할을 줄 것을 약속한 반면 요한 21장에서는 그 권한을 실제로 준 것으로 서로 구별하지만 현대의 경향은 마태오 복음서의 이 덧붙인 부분(16,16b-19)은 요한 21,15-17을 공관복음서에서 변형시킨 것으로 간주한다.

만일 그렇다면 마태오 복음서는 부활한 그리스도가 제자들 앞에 나타난 이야기를 예수의 선교활동 시대의 전승으로 거슬러올라가서 투영시킨 것이 된다. 예수가 **"살아 계신 하느님의 아들"**이라는 인식은 필립보의 가이사리아에서의 베드로보다는 예수를 부인하고 나서 예수의 부활을 경험한 이후의 베드로의 인식으로 보는 것이 더 적절하다. 이 **"살아 계신 하느님의 아들"**이라는 그리스도론적인 호칭이 예수의 선교에 더 적절한 호칭인 **"메시아"**와 무리없이 결부되어 마태 16,16에서의 베드로의 이중 신앙고백이 된 것이다.

예수가 베드로를 축복하고 그 위에 교회를 세우겠다고 선언한 약속은 선교활동중에 있었던 일이 아니라 16b-19의 자료의 모태가 되는 부활 이후에 있었던 일이라고 보는 것이 훨씬 더 타당하다.

h. 이상과 같은 견해는 지금까지 베드로의 신앙고백 에피소드에 관련한 제일 큰 문제에 대해서 일단 수긍이 가는 해답을 제공해 준다. 이 문제란 만약 마태 16,16-19가 모두 예수가 필립보의 가이사리아에서 베드로에게 한 말씀이라면 왜 마르코(그리고 루가)는 갈릴래아 선교에 대한 전승 안에서 이러한 말씀을 발견할 수 없었는가 하는 것이다. 만약 마태 16,13-19가 필립보의 가이사리아에서 일어난 일에 대한 더 정확한 기록이라면 왜 전승의 첫 형태인 오늘날의 마르 8장과 루가 9장은 이렇게 불완전할 수밖에 없을까 하는 것이다. 오히려 마태오가 자기 특유의 고쳐쓰는 습관에 따라 시몬 베드로와 예수의 말씀에 자신의 말을 덧붙였다고 생각하는 편이 더 나을 것이다.

i. 마지막으로 이 견해는 **"교회"**_ekklēsia_라는 말이 마태오 복음서 내의 베드로의 신앙고백 이야기에만 사용되고 또 한 번 마태 18,17에 나타나는 것을 제외하고는 다른 복음서의 어디에도 사용되지 않는다는 문제에 대한 해답을 제시해 준다. 마르코, 루가, 요한 각 복음서 모두 예수가 당신을 따르는 자의 일단을 **"교회"**라고 말하지 않는 것으로 되어 있다. 제25문도 참조.

j. 마태오 복음서에서는 확장된 베드로의 신앙고백과 예수 수난 예고의 이야기 (16,13-23)가 다시 마태오에 의해 가필되고 베드로의 역할을 한층 강조하는 다른 두 가지 이야기와 결부되어 있다. 하나는 마태 14,22-33〔베드로가 물 위를 걸은 이야기를 마르 6,45-52와 비교하라(루가에서는 생략)〕이고, 또 하나는 마태 17,24-27의 고기 입 안에 은전을 발견한 이야기(마태오에만 나타난다)이다.

베드로의 신앙고백 이야기와 이 두 가지 이야기는 모두 베드로와 예수의 밀접한 관계를 말하고 있으며 이 복음서의 독특한 방식으로 베드로의 역할을 강조하고 있다. 이러한 베드로의 역할에 관한 기술은 초대교회 내에서 형성되어 가는 교회론을 다른 어떤 복음서보다 더 강조하고 있다는 것을 보여준다.

성서가 최후만찬중에 있었던 것으로 전하는
예수의 말씀과 행동을 어떻게 이해해야 하는가?

이 문제는 1고린 11.23-25; 마르 14.17-25; 마태 26.20-29; 루가 22.14-38 및 요한 13.1-17.26과 관계된다. 단 "최후만찬"이라는 말은 위에 기술한 각 절의 어디에도 사용되지 않았다. 이 말은(1고린 11.25) 예수의 성찬 "회식" 기사에서 나온 것이며 그 회식은 예수가 **"잡히시던 날 밤"**에 열린 것으로 두 절 앞 23절에 기술되어 있다. 다른 형태로 요한 13.1-2는 그날 밤의 일을 표현하고 있다. 또한 예수가 잡히시고 죽으시기 직전에 제자들과 함께한 이 회식의 성격에 대한 신약성서의 기술은 각기 다르다.

a. 요한 복음서는 예수가 유다에게 포도주를 적신 빵을 주었다는 것을 제외하면, 그 회식에서의 예수의 행위에 관한 기술은 제자들의 발을 씻기신 것으로 범위가 좁혀져 있다. 제자들의 발을 씻긴 것은 그 자리에 있었던 사람들에게 바로 이해되지는 않았던 상징적인 행위였지만 복음 기자 요한은 그것을 아버지 하느님께서 예수에게 주신 사람들(선택된 제자들)에게 자기 자신을 낮추어서 사람에게 봉사한다는 기본적인 태도를 가르치기 위해, 즉 **"내가 여러분에게 행한 대로 여러분도 행하도록"**(13.15) 가르치기 위해 예수가 보여준 모범으로 묘사하고 있다. 만찬에 대한 더 오랜 전승을 포함한 바울로의 서신이나 다른 복음서에는 나타나지 않는 요한 복음서의 이 기사는 예수의 온 생애를 상징적으로 총괄하기 위해 씌어진 것이다.

요한 복음서는 다시 일련의 긴 연설을 하는 예수를 묘사하고 있다(몇 가지 전승을 묶어놓은 것, 14.1 - 16.33: 17.1-26). 이것 역시 바울로 서신과 공관복음서에는 나오지 않는다(루가 22.21-38에 예수의 훈시 네 가지가 기술되어 있는데 그 내용은 요한이 기술한 예수의 긴 연설과 현저하게 차이가 난다). **최후만찬**에서 예수가 행한 자신의 사명, 아버지 하느님과 자신의 관계, 협조자*paracletos*인 성령을 보내는 것, 그리고 제자들의 사명 등에 대한 이 긴 연설에 관한 요한 전승은 **만찬**에 대한 다른 초기 전승과는 별도로 생긴 것임이 분명하다.

b. 신약성서 안에서 **최후만찬**에 대한 가장 오래된 기술(그리고 곧 그것에서 파생된 전승)은(56년경에 쓰여진) 고린토인들에게 보낸 첫째 편지에 나타난다. 거기서 바울로는 **만찬**에서의 예수의 언행을 기술하기에 앞서 그리스도인이 **주의 식탁**에서 함께 식사하는 것에 대해서 언급하고 있다(10,21). 이것은 바로 당시 고린토의 그리스도인 사이에서 이미 확립되어 있던 제의적祭儀的 관습에 대해서 말하고 있는 것이다. 그 제의에서 고린토인은 "**찬양의 잔**"을 나누는데 그것은 "**그리스도의 피와 맺는 친교**"(16b)이며, "**우리가 떼는 빵**"은(16c) "**그리스도의 몸과 맺는 친교**"(16d)라고 바울로는 해석하며, 그것은 "**하나의 빵을 나누기**"(10,17) 때문이라고 한다. 그래서 바울로는 그리스도인의 제의에 대해 언급하고 그 제의에 참여하는 사람들의 일치를 강조하며, 그 제의를 "**이스라엘 사람들**"의 "**희생제물**"(10,18)과 다시 "**이교도**"의 희생제사(10,20)와 대비시키고 있다.

바울로가 어떤 제의祭儀에 대해 말하는가 하는 것은 바울로가 그것을 "**주님의 성찬**"이라 부르고(11,20) 바로 다음에 그 기원을 예수가 잡히기 직전에 열린 만찬에서의 예수의 언행에서 찾는 단계에 이르러서야 비로소 명확해진다. 이렇게 해서 바울로는 11,23-25에서 그 제의의 제정에 대한 가장 오래된 다음의 기록을 남기고 있다. 즉, 예수는 잡히던 날 밤에 빵을 들고 감사(기도)를 드린 다음 빵을 떼어 "**이는 여러분을 위한 내 몸입니다**"라고 말하며 자신을 기억하여 이를 행하라고 명한 다음 같은 모양으로 "**만찬 후에**" 잔을 들고 "**이 잔은 내 피로 (맺는) 새로운 계약입니다**"라고 말하며 사람들이 마실 때마다 자신을 기억하여 이를 행하라는 명령을 반복했다는 것이다. 이 전승은 바울로가 전해 받은 것을 후세에 전한 것이다(1고린 11,23a).

c. 공관복음서의 기자들도 바울로와는 별도로 똑같은 **"최후만찬"** 전승을 전해 받았다(마르 14,22-25; 마태 26,26-29; 루가 22,17-20). 이러한 기술은 제자들이 **"무교절 첫날"**, 곧 해방절(양을 잡는 날)을 준비하기 위해 예수가 제자들을 성 안으로 보내는 장면과 관련해서 말하고 있다(마르 14,12; 마태 26,17; 루가 22,7).

그 이야기를 하는 데 있어서 마태오는 마르코를 충실히 따르는데 루가는〔예를 들면, "만찬 후에" 잔에 대한 예수의 말(22,20)과 자신을 기억하여 이를 행하라는 예수의 지시(22,19c) 등, 몇 가지 점에서〕 바울로 전승과 비슷한 다른 전승에 의거하고 있다. 그러나 루가 복음서도 다른 면, 즉 예수가 잔에 대해 두 번 언급하고 있다는 점과(22,17.20), 해방절 음식(어린양)을 나누어 먹는 것과 예수 자신의 고난과의 관계에 대해 언급(22,15)하는 것 등에서는 바울로의 전승에 의거하지 않는다〔최근 발견된 그리스어 고사본에 의해서 루가 19bc-20절이 진정한 루가 복음서의 일부라는 것이 밝혀졌다. 그래서 1881년에 웨스트코트West-cott와 호르트Hort(Nestle-Aland²⁶ 참조)에 의해 시작된 유행에 따라서 금세기에 이르러 일부 성서 번역자들이 한 것처럼 이 부분을 각주胸註로 돌리고 본문에서 제거하는 것을 인정할 수 없다〕.

d. 여기서 전부터 이야기된 문제를 언급해 둘 필요가 있다. 즉, 요한 복음서에서는 예수가 제자들과의 **"최후만찬"**을 해방절 전〔준비하는 날(Parasceve)이 시작되는 저녁 무렵 일몰에 행하는데, 18,28b〕에 행한다. 공관복음서에서는 해방절이 시작되는 저녁(마르 14,16c; 마태 26,19b; 루가 22,13c) 또는 **"무교절 첫날"**에 행한다. 그렇다면 **"최후만찬"**은 해방절의 식사였을까? 네 복음서 모두 그것이 오늘날의 목요일 밤에 열렸다는 점에서 일치한다. 그러나 그 시점이 목요일 밤부터 금요일에 걸친 때를 (공관복음서가 시사하는 것처럼) 가리키는 것인지 아니면(요한 전승이 시사하는 바와같이) 해방절 전 준비하는 날을 가리키는 것인지! 공관복음서의 전승과 요한 복음서 그 어느 쪽이 옳은 것인가? 이것은 곤란한 문제이다. 에세네파와 바리사이파의 두 가지 달력을 사용해서 그 날짜의 차이를 설명하고자 해도 문제를 해결하기는커녕 도리어 더 많은 새로운 문제를 야기할 뿐이다. 단, 여기서 생각해야 할 점은 제2문에서 기술한 바와같이 **바빌로니아 탈무드**(산헤드린Sanhedrin 43a)의 바라이타baraita에 예수Yeshu가 **"해방절 전날에 매달렸다"**고 기록되어 있다는 것이다.

복음서 기자들이 사용한 복음서 이전의 여러 가지 전승을 남긴 사람들은 그 전승을 전하는 데 초기교회 신학의 영향을 받아서 각기 강조하는 점이 달랐는지도 모른다. 그러나 이와 같은 경향의 차이는 오늘날에는 다만 추측할 수 있을 뿐이다.

공관복음서가 근거한 전승은 예수의 제자들과의 **"최후만찬"**이 종래의 해방절 식사를 대신하여 마련된 것으로 간주함으로써 해결하려 했는지도 모른다(이런 경향은 루가 22,15-16에 가장 현저하게 나타나 있다).

이에 반해서 예수를 **"하느님의 어린양"**이라고 하는 요한 전승의 주제(1,36)는, 예수가 십자가에 달려 죽은 날짜를 해방절 첫날 저녁식사를 준비해 어린양을 도살하는 **준비의 날**Parasceve로 보는 견해에 영향을 주었는지도 모른다. 그러므로 설령 요한 전승에서는 **"최후만찬"**이 해방절초에 행해지지 않았다 하더라도 여기서 예수의 죽음과 해방절을 위해 도살하는 양과의 관련이 시사되고 있는 것으로 보인다.

또한 요한 복음서에서 군인들이 예수의 다리를 꺾는 대신 옆구리를 찌른 이유를 설명하는데 이것은(해방절의 어린양의 뼈다귀 하나라도 부러뜨려서는 안된다는) 민수 9,12의 말에 특별한 의미를 부여한 것이라는 사실도 생각해 봐야 한다(요한 19,33-36). 다시 한번 1고린 5,7에서 바울로가 그리스도를 **"우리의 파스카(양)"**이라고 하는 오랜 전승에 대해 언급하고 있는 것도 생각해야 한다.

어쨌든 바울로의 서신과 공관복음서에 반영되어 있는 강력한 초대 그리스도교의 전승은 성찬례의 기원을 **"최후만찬"**에서의 예수의 언행에서 찾는다. 성찬례를 나타내는 "에우카리스트"eucharist라는 말 자체가 **만찬**에서 예수가 행한 행위 중에 하나인 "감사를 드리는"(eucharistēsas) 것을 나타내기 위해 바울로의 서신과 공관복음서에서 사용되는 그 말의 분사형에서 파생된 것이다(1고린 11,24: 마르 14,23: 마태 26,27: 루가 22,17.19).

e. 그러나 이렇게 서로 다른 전승을 전하고 있는 **"최후만찬"**에서의 예수의 언행은 제각기 그 뉘앙스를 달리하며 완전히 일치하지는 않고 또 한 마디 한 마

디 정확을 기한 것도 아니다. 바울로 서신과 공관복음서가 근거한 전승은 성찬례가 명확히 **만찬**과 결부되어 있지만 요한 복음서의 전승은 서로 연관되어 있지 않다. 게다가 바울로 서신과 공관복음서에 기록되어 있는 성찬례 제정 부분의 말조차도 서로 다른 형태로 전해진 것이다(뒤의 진술 참조).

이러한 차이는 초기에 각기 다른 몇 가지 전형적 배경을 토대로 이미 사용되고 있던 정식문定式文의 차이를 반영하는 것으로 보인다. 그들의 전형적 배경은 이미 **예수의 말씀 자체**에 의해서라기보다는 "**최후만찬**"에서의 예수의 언행이 제자들과 나아가 온 인류에 대해서 지니는 의미에 중점이 주어져 있는 것이다. 마르코와 마태오 양 복음서에 나오는 정식문은 예루살렘 전례를 반영하고 바울로의 서신과 루가 복음서 자체는 안티오키아 전례를 반영하고 있을 가능성이 있다. 그러나 그렇다 하더라도 복음서 성찬례 제정의 정식문 기술의 통일성과 충실성에는 왜 더 많은 주의가 기울어지지 않았는지 이상하다. 우리는 적어도 복음서의 이 부분만은 정확히 전해진 것이라고 생각하기 쉽지만 20세기를 사는 우리의 예상은 각 전승의 현실에 의해 완전히 뒤집혀진 것이다.

f. "**최후만찬**"에서 예수가 빵과 포도주에 대해서 한 말을 생각할 때 우선 유의해야 하는 것은 이 말에 대해 각 전승간에 차이가 있다는 것이다. 여기서 각 전승이 전하는 빵(arton)에 대한 예수의 말을 살펴보자.

1고린 11,24: "이는 여러분을 위한 내 몸입니다"
Touto mou estin to sōma to hyper hymōn
〔그리스어의 어순에 주의〕

마르 14,22: "받으시오, 이는 내 몸입니다"
Labete, touto estin to sōma mou

마태 26,26: "받아먹으시오, 이는 내 몸입니다"
Labete, phagete touto estin to sōma mou

루가 22,19: "이는 여러분을 위하여 내어주는 내 몸입니다"
Touto estin to sōma mou to hyper hymōn didomenon

빵에 대한 예수의 이러한 말은 생명의 빵에 대한 요한 전승의 다음 말에 반영되었다고 생각된다.

요한 6,51: "나는 하늘에서 내려온 살아 있는 빵입니다. 이 빵을 먹는 이는 영원히 살 것입니다. 그리고 내가 줄 빵은 곧 내 살로서 세상의 생명을 위해 주는 것입니다"

Egō eimi ho artos ho zōn ho ek tou ouranou katabas. ean tis phagē ek toutou tou artou, zēsei eis ton aiōna. kai ho artos de hon egō dōsō hē sarx mou estin hyper tēs tou kosmou zōēs

그리고 전승이 전하는 포도주 잔에 대한 예수의 말은 다음과 같다.

1고린 11,25: "이 잔은 내 피로 (맺은) 새로운 계약입니다"

Touto to potērion hē kainē diathēkē estin en tō emō haimati

마르 14,24: "이는 내 계약의 피로서 많은 사람을 위하여 흘리는 것입니다"

Touto estin to haima mou tēs diathēkēs to ekchynnomenon hyper pollōn

마태 26,27-28: "모두 그것을 (돌려)마시시오. 정녕 이는 내 계약의 피로서 죄를 용서해 주려고 많은 사람을 위하여 흘리는 것입니다"

Piete ex autou pantes, touto gar estin to haima mou tēs diathēkēs to peri pollōn ekchynnomenon eis aphesin hamartiōn

루가 22,20: "이 잔은 내 피로 맺는 새로운 계약이며, 여러분을 위하여 흘리는 것입니다" (두번째 잔에 대해서는 22,17b)

Touto to potērion hē kainē diathēkē estin en tō haimati mou to hyper hymōn ekchynnomenon

이와 같은 차이에 직면하면 "저 역사적인 장면에서 예수의 실제 말은 무엇이었는지?" 묻고 싶어진다. 그것은 아무도 모른다? 게다가 위에 말한 여러 가지 형태는 예수가 사용했으리라 추측되는 아람어의 그리스어 역에 지나지 않는다는 것을 생각할 때 문제는 한층 복잡해진다.

주의해야 할 또 한 가지 사항은 이러한 정식문에는 빵과 포도주가 예수의 몸과 피라는 것을 확인하는 부분과 그것에 대해서 설명을 더하는 부분이 있다는 사실이다. 이러한 두 가지 부분을 명확히 구별해야만 한다.

g. 만찬에 대한 바울로의 서신과 공관복음서의 기술 안에 빵과 포도주에 대해 하신 예수의 말씀은 유다인 가족이 모두 모여서 해방절 식사를 할 때 그 집주인이 큰 소리로 외치는 **"이것은 우리 선조가 이집트를 나올 때 먹은 고난의 빵이다"**라는 말의 모방이라는 가설이 있다(J. Jeremias, *Eucharistic Words of Jesus* (Philadelphia: Fortress, 1977) 54-7 참조: G. Dalman, *Jesus-Jeshua: Studies in the Gospels* (New York: Ktav, 1971) 139 대조). 만일 이와 같은 설명적인 정식문이 **"이것은 나의 몸이다"**, **"이것은 나의 계약의 피다"**라는 예수의 말씀의 배경이라면, 예수의 성찬례 제정의 말씀에는 해방절적인 이유를 제공하게 된다.

그러나 이 설에 대해서는 반대 의견도 종종 제기되어 왔다. 공관복음서(및 바울로의 서신)는 해방절 식사에 불가결한 것(어린양, the haroseth-sauce 등)에 대해 한 마디도 언급되어 있지 않다는 것이 그것이다. 이 반대 의견에도 그 나름의 문제를 안고 있다. 왜냐하면 신약성서 중에 **토 파스카**to pascha라는 말을 어떻게 번역해야 하는지 그리고 그것이 다만 **"해방절"** 또는 **"해방절 양"**을 의미할 뿐인지 분명하지 않기 때문이다(마르 14.12.14.16; 마태 26.17.19; 루가 22.7.11.13.15; 마태 26.23 참조). 이와 같은 요소들은 제정된 성찬례와 해방절 사이에 어떠한 관계가 있음을 뒷받침한다 하겠다.

h. 앞에 기술한 성찬례 때의 예수의 말씀에는 명확하지 않은 점이 한 가지 있다. 즉, 위에 말한 정식문 중의 그리스어 *estin*이라는 동사는(마태 3.17; 10.2;

13.55; 14.2에서의 동사 … **이다**와 같이) **실제로 … 이다**라는 뜻이다. 이 해석에 의문을
품게 된 것은 중세 때부터이다. 어쨌든 언어학적으로 분명히 가능한 이 해석에
따르면 빵과 포도주가 바로 당신의 몸이며 피라는 것을 예수 자신이 확인한 것
이 된다.

i. 성찬례 제정에 관한 예수의 말씀을 전하는 기술 가운데 어떤 것은 해석상의
요소를 포함함으로써, 성체에 구원론적인 의미를 부여하고 있다. 마르코와 마
태오 양 복음서의 기술이 단순히 빵을 예수의 몸이라고 하는 데 반해, 1고린
11.24는 "**나의 몸**"이라는 말에 "**여러분을 위하는**"〔어떤 바울로의 편지 사본에는 "**여러분
을 위해 떼는**"이라는 후대의 (조화를 꾀하는?) 수정을 볼 수 있다〕을 덧붙이고 또 루가 22.19b에
는 "**여러분을 위하여 내어주는 내 몸**"이라고 되어 있다.

그리고 포도주 잔에 대해서는 바울로의 서신의 정식문이 가장 간결하다〔단. 포
도주를 예수의 피라고 확인하는 정식문 안에서 계약에 대한 말씀이 나타난다〕. 이에 반해서 공관복음
서의 정식문은 적어도 "여러분을 위해 흘리는" 또는 "많은 사람을 위해 흘리
는"이라는 말을 "피"라는 말에 덧붙인 것이 공통점이다.

빵에 대한 정식문과 포도주에 대한 정식문 모두 한층 간결한 바울로 서신의
형태가 더 오래된 원형이고 긴 형태는 성체에 관한 여러 요소의 의미를 예수의
죽음과 결부시킨 초대교회의 사상에서 생긴 것, 즉 부활한 예수에 대한 신앙의
입장에서 과거로 거슬러올라가서 가필한 것으로 생각한다. 예수의 온 생애와
그 선교활동의 구원적인 측면은 이미 바울로의 서신 이전의 케리그마*kerygma* 안
에서 설명되어 있다〔"그리스도께서는 … 우리 죄를 위해서 죽으시고 …"(1고린 15.3). 여기서도 전치사
"… 을 위해"(*hyper*)가 사용돼 있는 것에 주의! "예수는 우리의 범행들 때문에 넘겨지셨고 우리를 의롭게 하기
위하여 부활하셨습니다"(로마 4.25; 1데살 1.10 참조)〕.

"**최후만찬**"에서 예수가 실제로 어떠한 정식문을 사용하고 있는가 하는 역사
적 사실에 관한 문제에 우리가 대답할 수 있는지 여부는 차치하고, 그날 밤 예
수의 성찬례 제정에 관한 신약성서의 기술은 성찬례 제정에 어떠한 형태로든
구원론적 의의를 주고 있다고 말할 수 있다.

j. 여기서 예로부터 계속 제기해 온 문제와 만나게 된다. 이러한 정식문이 자신 앞에 기다리고 있는 운명, 즉 자신을 다른 사람들을 대신해서 희생으로 바치는 데 대한 예수의 자각을 어느 정도까지 반영하고 있느냐 하는 것이다.

그 물음에 대해서는 앞 절에서 말한 것이 답이 된다. 이미 초기 그리스도교 공동체에서 예수의 성찬례 제정의 말씀은 그와 같은 의의를 반영하는 것으로 이해되었기 때문이다. 모세가 산 제물의 피로써 시나이 계약을 사람들에게 인지시킨 고사故事(출애 24.3-8)를 배경으로 생각하면 포도주 잔에 대한 모든 성찬례 기술에 어떠한 형식으로든 표현되어 있는 **"계약의 피"**에 대한 정식문은 거기에 희생이라는 요소를 더함으로써 예수의 피와 포도주의 일체성이 한층 높아지는 것이다.

성찬례 제정에 관한 문장이나 서신의 어구를 해석할 때 여기까지는 어떠한 형태로든 예수 자신에까지 소급할 수 있다. 그러나 이러한 어구는 **"예수의 말씀 자체"**를 후대 전승 또는 복음서 저자에게서 따로 떼어 생각하는 것이 얼마나 어려운가를 보여주고 있다. 확실히 **"최후만찬"**에서 빵과 포도주에 대해 예수가 한 말씀에 구원론적이고 대리속죄론적인 의미가 포함되어 있음을 부정할 수 있는 확실한 근거는 없다. 그러나 그날 밤에 죽음을 예기하고 있던 역사적 예수의 심중에 무엇이 있었는지를 알 방법은 전혀 없다. 이와 같은 문제에 대해서 명확한 해답이 주어지기를 누구나 바란다. 그러나 교회 교도직의 결정적 개입 없이 누구에게 그것이 가능할 것인가?(그렇다고는 하지만 이런 류의 문제에 하느님께서 개입하신 적은 한 번도 없었고 이후에도 없을 것이다).

여기서 꼭 다시 한번 더 생각해야 할 것은 성체에 대한 우리 20세기 그리스도인의 신앙은 역사적 예수의 말씀을 어디까지 복원할 수 있느냐 하는 문제에 의해 좌우되지 않는다는 것이다. 오히려 우리의 신앙은 초기 그리스도인 공동체를 통해서 우리에게 전해진 예수의 말씀에 의존한다. 초기 그리스도인 공동체는 예수 자신과 예수가 성찬례 제정으로 그들에게 준 영향에 대해서 여러 가지 회상을 기록했다. 이 점에 대해서는 제17문을 참조해 주기 바란다.

k. 초기교회는 신약성서의 몇 가지 기술 안에서 **"최후만찬"**은 예수를 기념하는 예식으로서 제자들 사이에서 계속되기를 예수가 기대하고 있다는 사실을 우리에게 전하고 있다(1고린 11.24-25 및 루가 22.19c의 기념으로 행하라는 예수의 지시를 상기하자). 그런데 마태오와 마르코 양 복음서의 해당 부분에는 예수의 이 기대에 대해서 아무 말도 하고 있지 않다.

그리고 성찬례를 성사라고 하는 후대 교회의 해석도 "최후만찬"에서의 예수의 언행에 기초하고 있는데, 신약성서의 어느 본문도 예수가 자신의 언행에 그와 같은 성사적인 의미를 부여한 것으로 보고 있지 않다. 그리스도인 공동체가 예수의 언행에 대해서 그와 같은 의식을 가지게 되기까지는 상당한 시간이 필요했던 것이다.

바울로 서신의 **"만찬"**에 대한 기술은 그 이전에 바울로가 말한 것을 고려해서 성찬례의 본질적인 요소에 대해 요약하고 있을 뿐이고 **"예수께서 잡히시던 날 밤"** 누가 예수와 식탁을 함께하고 있었는지에 대해서는 아무것도 언급하고 있지 않다. 그에 반해서 공관복음서는 그날 밤 누가 함께 있었는지에 대해서 좀더 자세하게 말하고 있다. 마르코 복음서는 예수가 열두 제자와 **"최후만찬"**을 함께했다고 말하고(14.17), 마태오 복음서에도 **"열두 제자와 함께"** 자리잡으셨다(26.20)고 하며 루가 복음서는 예수가 자리잡으시고 **"사도들"**도 그분과 자리를 함께했다(22.14)고 말하며 그 열두 사도들의 이름을 6.13에 들고 있다. 그러므로 바울로 서신과 루가 복음서에 기술되어 있는 성찬례를 자신의 기념으로서 행하라는 예수의 지시는 이렇게 선택된 제자들에게 향한 것이 된다.

그러나 그것은 어떠한 의미에서였을까? 즉, 그들에게만 향한 것이었는지 아니면 예수를 따르는 모든 사람의 대표로서 그들에게 향한 것이었는지, 그리고 **"최후만찬"**은 그들 열두 사람이 살아 있는 동안만 계속하라고 명한 것인지, 아니면 그후에도 계속하라는 의미였는지, 후자의 문제에 대해서는 성찬례는 그리스도가 "오실 때까지" 주님의 죽으심을 계속 전하는 수단이라고 하는 바울로의 말로서 대답할 수 있다(1고린 11.26).

주님이 오실 때(재림)를 임박한 것으로 보지 않는 바울로의 그러한 말은 예수
의 성찬례 제정의 말씀을 부활한 주님이신 예수의 구원론적인 죽음을 선언하는
한 방법으로 본다. 그러한 말씀은 **"최후만찬"**을 계속하여 행하는 것이 최초의
제자들에게 국한된 것이 아니라 그 후계자들에게도 그것을 계승해서 행해야 한
다는 것을 시사하고 있다.

그러나 후계자 가운데 누가 그것을 행해야 하는가? 이에 대한 예수의 의도가
무엇이었는지는 **"최후만찬"**에 대해서 초대교회가 우리에게 전해준 것만으로는
알 수가 없다.

이와같이 **"최후만찬"**에 관한 신약성서의 기술은 불분명한 점을 20세기의 우
리 신자가 예상하는 것보다 훨씬 많이 남기고 있다.

예수의 죽음에 대한 책임은 누구에게 있었는가?

나자렛 예수의 심문과 재판에 관한 복음서 기술의 해석을 뒷받침하기 위해 최근에는 종종 고문서나 새로운 고고학적 발견을 사용한다. 즉, 복음서의 기술 자체를 뒷받침하기 위해 비문碑文이나 더 오랜 로마의 역사서 외에 요세푸스Jose-phus의 저작, 쿰란Qumran 종단 그리고 랍비 문헌과 아울러 위복음서까지 사용되고 있다. 그러나 이러한 자료를 종합해 보아도 예수의 죽음에 대한 책임이 누구에게 있느냐는 문제에 만족한 해답이 아직 주어지지 않고 있다.

a. 예수의 심문과 재판, 그의 죽음에 관한 주 자료인 신약성서는 그 책임을 당시 팔레스틴에 주재하고 있던 로마 당국자와 유다인 지도자에게 돌리고 있다. 그러나 복음서 저자에 따라 중점적으로 비난하는 대상이 각각 다르다. 현대 그리스도인은 이 역점의 차이를 간과하기 쉬운 만큼 강조해 둘 필요가 있다.

b. 가장 심한 비난은 신약성서 중 제일 오랜 문서인 바울로의 데살로니카인들에게 보낸 첫째 편지에서 발견할 수 있다. 거기서 바울로는 "**이 유다인들**(특정하지 않은 데 주의)**은 주 예수를 죽였다**"고 말하며(2.14-15), 로마인들에게 대해서는 아무것도 말하고 있지 않다. 그러므로 이 한 구절이 성서 안에서 가장 반유다적(현대적 의미에서)인 기술이라고 종종 생각되어 왔다.

c. 아울러 복음서의 수난설화에서는 유다인 지도자에게 모든 책임을 지우고 로마인 총독 빌라도를 면책하는 경향이 보인다. 이런 경향은 어떤 한 복음서 안에서가 아니라 네 복음서 안에서 복음서가 의존하고 있는 전승이 진행되어 가는 것을 살펴봄으로써, 그리고 로마의 관리와 유다인 지도자들이 어떻게 다루

어지고 있는지를 비교해 봄으로써 한층 뚜렷해진다. 가장 먼저 씌어진 마르코 복음서의 수난설화에서는 예수의 죽음에 대한 책임을 유다교의 대사제와 장로들, 율법학자(14.1.43.53.55; 15.1.11)와 빌라도(15.15. 군중의 비위를 맞추려고 한) 모두에게 돌리고 있다.

d. 마태오 복음서의 수난설화도 마르코 복음서의 기술에 충실히 따르고 있기 때문에 큰 차이는 없다(26.3.47.57.59; 27.1.20 참조). 그러나 빌라도에 대해서는 마태오 복음서 특유의 가필이 보이고 그것이 빌라도의 역할을 분명하게 변경시키고 있다. 즉, ① 빌라도의 아내가 **"당신은 그 의인에게 아무 상관도 하지 말아요"** 하고 남편에게 진언하며(27.19), ② 빌라도는 손을 씻고 자신은 관계되지 않음을 선언한다. 그 기술에 의하면 **"나는 이 피에 대해서 책임이 없소. 당신들이 알아서 하시오"**라고 빌라도가 말하자 사람들은 그에게 대답하기를 **"그의 죄는 우리와 우리 자식들이 감당할 것입니다"**라고 말하고 있다(27.24-25).

e. 똑같은 경향은 역시 마르코 복음서의 수난설화에 바탕을 두고 마태오 복음서의 그것과는 별도로 씌어진 루가 복음서의 수난설화에서도 엿볼 수 있는데, 후자의 경우 다소 기술방식이 다르다. 루가는 **"백성"** 또는 **"큰 무리"**(22.2; 23.27.35a.48)와 **"지도자"** 또는 **"장로들, 대사제들과 율사들"**(22.2.52.54; 23.1.4.13.35b.51)을 구별하려고 노력하고 있다.

　게다가 루가는 예수가 성전을 파괴하려 했다는 그들의 위증에 관한 기술을 일체 생략하고, 예수가 오로지 정치적 선동죄로 유다인 지도자들에게 규탄받은 것처럼 쓰고 있다(23.2.5.18-19). 여기서 빌라도는 예수의 죄를 세 번 부정한 것처럼 묘사되어 있다(23.4.14-15.22). 게다가 빌라도가 꺾인 것을 **"그들의 소리는 갈수록 거세어졌다. 마침내 빌라도는 그들의 요구를 들어주기로 결정하였다. 그래서 폭동과 살인으로 감옥에 갇힌 자, 곧 그들이 요구한 자를 풀어주고 예수는 그들의 소원대로 넘겨주었다"**고 쓰면서 빌라도 자신의 뜻에 의해서가 아니었음을 강조하고 있다.

루가는 다시 계속해서 26절에서 **"그들이 예수를 끌고 가다가 …"**라고 쓰는데, 여기서 말하는 **"그들"**은 바로 전 25절에서 언급한 **"대사제들과 지도자들"**을 가리키는 것이다. 로마 군인들은 36절에서 **"유다인들의 왕"**이라고 말하며 예수를 조롱하는 장면에서 처음으로 나타나는 것으로 그친다.

f. 마지막으로 요한 복음서의 기술에서는 루가 복음서의 수난설화에서 징조가 보이던 것이 한층 분명하게 표현되고 있다. 대사제들이나 바리사이들은 의회를 소집하여 예수가 사람들에게 준 영향과 로마인이 그것에 대해 나타낼 것으로 예상되는 반응에 관해서 논의했다(11.47-53). 그리고 가야파에게 **"한 사람이 백성을 위해서 죽고 온 민족이 멸망하지 않는 것이 당신들에게 더 이롭다"**고 말하도록 한다(11.50). 그 뒤에 군대와 또 대사제들과 바리사이들이 보낸 하인들이 유다와 거래를 한다〔18.3.12-14. 여기서 어떤 해석학자들은 3절과 12절에서 로마인들과의 관계를 보려고 한다. R. E. Brown, *Gospel according to John XIII~XXI*(AB29A; Garden City, NY: Double-day, 1970) 807-13 참조. 요한 전승은 여기서 분명치 않다〕.

예수가 마지막으로 빌라도 앞에 끌려나갔을 때에도 빌라도는 다시 예수에게 죄를 찾아내지 못했음을 세 번 선언하고(18.38: 19.4.6) 풀어주려 한다(18.31: 19.12). 그러나 총독은 결국 사람들의 요구를 받아들이고 **"예수를 십자가형에 처하라고 그들에게 넘겨주었다"**고 기록한다(19.16). 이때 그들이란 문맥상 15절의 **대사제들**을 가리키는 것이다. 요한 복음서는 다시 17절에서 **"그들은 예수를 넘겨받았다. 예수께서는 친히 십자가를 짊어지시고 해골산이라 하는 데로 떠나셨다"**고 기록한다.

g. 이상의 정경 복음서의 수난설화에서 빌라도와 유다인 지도자의 관여에 관한 기사를 비교해 보면 시간이 흐름에 따라 예수의 죽음에 대한 유다인의 책임을 점점 강조하는 경향이 분명해진다.

이런 경향은 예를 들면 **베드로 복음서**와 같은 위복음서에도 계승되어 있다. 거기서는 빌라도가 **"헤로데를 비롯하여 그 재판관들이 손을 씻으려 하지**

않는 것"을 보고 그들과 관계를 끊고 나간다. "그 뒤 헤로데 왕은 주님을 끌고 나가도록 명령했다"(1-2장, *HSNTA*, 1.183 참조)고 되어 있다. 그리고 아리마태아 출신 요셉이 예수의 시신을 가져가게 해달라고 했을 때 빌라도는 헤로데 왕에게 간청해야 했다고 기술하고 있다(3-5장). 이와같이 위복음서에도 빌라도는 점점 **"착한 사람"**이 되고 유다인 헤로데 왕은 예수의 죽음과 매장에 대한 결정을 내린 사람으로 묘사되어 있다.

h. 이와같이 정경 복음서나 위경인 **베드로 복음서**에 나타나는 경향은 로마 제국 각지에 살면서 그 안에서 로마 당국의 인정을 받고 살아야 했던 초기 그리스도인의 로마에 대한 배려를 반영하는 것으로 일반적으로 받아들여지고 있다. 그리스도교는 로마 제국 내에서 후대의 말을 빌리자면 합법적 종교로서 인정받기를 바랐다. 그것은(이미 공인되었던) 유다교와 제국과의 관계를 확립하는 것을 의미했던 것이다.

이제까지 말한 바와 같은 태도와 예수의 죽음에 대한 빌라도의 책임을 될 수 있는 대로 가볍게 보이고자 하는 노력을 이제까지 보아온 자료만큼 충실히 기록하고 있는 것은 달리 없다. 그러나 그와 같은 기술 태도는 동시에 이후 교부 시대와 중세 때 유다인들이 악명 높은 **살신**殺神(deicide)이라는 죄명으로 비난받게 되는 계기가 되기도 하였다.

두 가지만 예를 들면 오리게네스는 **"그러므로 예수의 피는 당시 살았던 사람들만이 아니라 (세상) 끝날 때까지 그들의 뒤를 잇는 세대에도 그 책임이 뒤따르는 것이다"**(Origen, *Comm. in Matt.* ser. 124; *PG* 13.1775)라고 말하고 또 토마스 아퀴나스는 **"따라서 유다인은 인간 그리스도만이 아니라 하느님을 십자가에 달리게 한 죄를 범했다"**(Thomas Aquinas, *S.T.* 3.47.5)고 말하고 있다. 이와 같은 사실은 처음에 제기된 문제에 대한 대답을 한층 어렵게 하고 있다.

i. 근대에 와서 수난설화의 기술과 유다교 문서 중에 가장 오래되고 기본이 되는 미쉬나Mishnah 내의 여러 규정과의 비교 연구가 시도되었다. 선조들, 즉 전

해 내려오는 다른 시대 랍비들의 전해 오는 말을 묶은 63편의 논설은 3세기초에 랍비 유다Judah에 의해 편찬되어 문서로 써서 수록한 것이다. 그 안에 「**산헤드린**」Sanhedrin이라고 제목을 붙인 논설은 사형에 관한 여러 가지 규정과 그것에 의거한 소송을 다루고 있다〔예를 들면 4.1; H. Danby, *The Mishnah* (Oxford: Oxford University, 1933) 386-7 참조〕. 그 비교 연구는 예수에 대한 유다교 지도자들의 심문이 복음서에 묘사된 대로 행해졌다는 것은 있을 수 없다는 사실과, 이와 같은 심문 자체도 유다교의 **미쉬나** 안의 법적 절차에 관한 규정에 위반됨을 보여주려고 시도된 것이다. 그러나 그러한 비교 연구에서는 아무런 해결도 얻을 수 없다. 비교 자료로 사용된 그리스도교의 복음서도 신약성서 성립 후에 **미쉬나**에 편입된 유다교의 전승도 예수의 죽음에 대한 책임이 누구에게 있느냐는 문제에 대해서 올바른 판단을 내려 만족스런 해답을 줄 만한 역사적 자료로서 받아들일 수 없기 때문이다.

　공관복음서의 예수 심문에 대한 기술의 차이(예를 들면 심문이 행해진 것은 한 번이었는지 아니면 두 번이었는지, 밤이었는지, 아침이었는지 하는 차이)도 물론 무시할 수 없지만 논설 「**산헤드린**」에 기록되어 있는 법적 절차에 관한 다소 **목가적**인 규정이 70년 이전의 팔레스틴에서 실제로 행해졌다고 생각하는 것도 똑같이 어려운 것이다. **미쉬나**도 복음서도 종교적 문서로서 우리가 지금 직면하고 있는 것과 같은 역사에 관한 문제에 대답하기 위해 씌어진 것은 아니다.

j. 마지막으로 예수의 재판에 대한 총독 빌라도가 로마의 티베리우스 황제에게 보낸 보고서報告書인 **빌라도 행전**(HSNTA, 1.444-70)은 분명히 후대 그리스도인이 쓴 것으로 그 자체는 사료史料로서 아무런 신빙성이 없다.

k. 최근에 와서 예수의 죽음에 대해서 책임을 물어야 하는 것은 로마뿐이라는 의견이 종종 제기되곤 하였다. 당시 유다는 로마 제국의 점령하에 있었고 사형의 권한은 정복자 수중에 있었던(요한 18.31 참조) 만큼 팔레스틴 유다인 권력자가 십자가형을 집행했을 리 없고 또 죄인을 처형하는 권한조차 없었다는 것이다.

실제로 로마인의 지배 아래서 형의 집행권이 제한되어 있었음을 인정하는 근거
는 충분히 있다. 그러나 팔레스틴 유다인 사이에서 십자가형이 전혀 행해지지
않았다고는 도저히 생각할 수 없다. 하스모네아 왕 알렉산더 얀니우스Alexander
Janneus(기원전 103~76년)는 적성敵性 유다인 800명을 십자가형에 처했고(Josephus, *Ant.*
13.14.2 §380: *J.W.* 1.4.5-6 §93-98), 또 최근 쿰란 동굴에서 발견되어 출판된 **성전문서**
Temple Scroll는 십자가형에 저촉되는 죄에 대해서 명확히 말하고 있다〔11QTemple
64.13: 참조 J. A. Fitzmyer의 논문 "Crucifixion in Ancient Palestine, Qumran Literature, and the New
Testament", *CBQ* 40 (1978) 493-513 특히 pp.503-4 대조〕.

이제까지 말한 사실에서 점령 아래 있던 유다의 지도자들과 빌라도 및 로마
인 중 어느 한쪽만이 예수의 죽음에 책임이 있었다는 것을 증명하기는 어렵다.
마찬가지로 유다인 지도자와 로마인 양쪽 모두 관련됐다고 하는 성서의 수난설
화에 대해서 그것이 전혀 신빙성이 없다고 할 근거도 찾아볼 수 없는 것이다.

신약성서 안에 그리스도로서의 예수에 대한 다른 해석들 내지는 다른 그리스도론들이 있는가?

확실히 있다. 그리고 신약성서의 독자가 그 다른 그리스도론들을 빨리 알아낼수록 그만큼 신약성서에 대한 이해가 깊어가는 것이다. 그들의 차이를 어떻게든 조화시켜 보려 했던 과거의 시도가 예수를 제대로 이해하는 데 방해가 되었고, 신인神人으로서의 그의 신변에 대해서 오히려 여러 가지 오해를 초래하는 결과가 되었다.

이미 제10문 d에서 시사한 바와같이 예수의 지상 선교활동에서는 **"그가 본질적으로 누구였느냐"**(Christology) 하는 것이 함축적이거나 간접적으로만 고려되었을 뿐이다. 예수는 선교중에 그에 대해 사람들이 후대에 이르러서야 비로소 깨닫게 된 것의 씨를 심은 셈이 되는 것이다. 오늘날 우리가 **"그리스도론"**이라 부르는 것(이것은 신약성서의 틀을 넘은 추상적인 말인데)은 신약성서 저자들이 부분적이나마 글로 써서 나타낸 예수에 대한 증언의 단편들을 종합·정리하고 명료하게 하려는 생각이 반영되어 나온 산물인 것이다. 실로 그리스도에 관한 교의들은 예수의 언행과 가르침 안에 오직 함축적으로만 담겨 있던 것들을 분명하게 명문화한 것이라 할 수 있다. 그러나 바울로나 루가 혹은 요한의 **"그리스도론"**이라고 꼭 집어서 말할 경우에는 그들이 써서 남긴 하나의 구체적 사실을 현대에 와서 그들의 특징에 따라 체계적으로 정리한 것이다. 그러므로 우리는 바울로의 **그리스도 예수**, 루가의 **주님이신 구세주**, 요한의 **육화하신 말씀**의 차이를 더욱 중요시하지 않으면 안되는 것이다.

여기서 신약성서상의 그리스도론의 차이를 모두 자세히 논할 여지는 없으나 몇 가지 특징을 개략하는 것만으로도 유의해야 할 차이점을 명확히 나타낼 수 있을 것이다.

a. 신약성서의 문서 안에는 그리스도론에 대해 비교적 얼마 안되는 기술밖에 없는 것도 있다. 예를 들면 **야고보 서신**은 "**주 예수 그리스도**"를 두 번밖에 언급하지 않는다(1,1; 2,1). 처음에는 서신을 보내는 주체가 누구인지 나타내는 서두에서 **주 예수 그리스도**라는 말이 사용되고, 두번째는 신앙을 이어가야 할 대상을 나타내기 위해서 사용된다. "**주**"라는 말을 제외하면 예수 그리스도가 저자에게 있어서 어떠한 존재를 나타내는지에 대한 적극적인 증언은 눈에 띄지 않는다.

b. 신약성서 중 가장 오래된 바울로 서신에는 예수의 본질과 존재에 대한 논증은 거의 없다. 왜냐하면 바울로는 예수가 어떠한 인물이었는지, 무엇을 하였는지 그리고 무엇을 말하였는지보다는 그리스도 예수가 우리 인류에게 어떠한 의미를 가지고 있는지를 설명하는 데 더 관심이 있었기 때문이다.

바울로는 필립 2,6-11에서 초기 그리스도 교회 안에서 사용되고 있던 찬가를 권고의 일부로 택해서 새삼 그리스도가 인간의 모습을 취하기 이전부터 하느님(신)으로서 존재했다는 것을 시사하고 있다. 또 그는 그리스도를 하느님의 "**아들**"이라고 부르고(로마 1,3; 8,32), 다시 1고린 15,24-28에서 확실히 "**아들**"인 그리스도의 "**아버지 하느님**"께 대한 **존재론적 관계**까지도 시사하고 있다.

그런데 이 고린토 전서의 몇 구절을 다만 그리스도의 기능적인 면을 진술한 것으로만 해석할 수 없다. 왜냐하면 거기서는 그리스도의 **아들**로서의 역할이, 그리고 인류 및 모든 피조물과 맺고 있던 그의 관계가 끝나는 것이 예상되기 때문이다. "**그리고는 종말입니다. 그때 그리스도께서는 일체의 지배와 일체의 권력과 일체의 권세를 쳐 없애고 나서 그 나라를 하느님 아버지께 넘겨드릴 것입니다. … 그러나 모든 것이 아드님께 굴복하게 되면 그때는 아드님도 자기에게 모든 것을 굴복시키신 하느님께 몸소 굴복하실 것입니다. 그리하여 하느님께서는 모든 것 안에서 모든 것이 되실 것입니다**"(24.28). 즉, 그리스도의 구원적인 역할이 그때에 끝나지만 그후에도 그리스도는 아버지 하느님의 아들로서의 본질적 관계 안에서 계속 인정되는 것이다.

바울로는 분명히 (주, 하느님의 아들, 메시아)라고 하는 그리스도론적인 호칭을 사용하지만 그의 관심은 그리스도론 그 자체보다는 오히려 구원론에 있다. 그의 서신은 **그리스도의 사건이 가져온 것**, 즉 그리스도 예수가 자신의 선교활동, 수난, 죽음, 묻힘, 부활, 들어올림 그리고 하늘에서의 중개 역할을 통해서 인류를 위해 공헌한 바에 대한 기술로 가득 차 있다.

바울로는 그러한 일련의 사건을 회고하면서 그 사건의 "**일회성**"(*ephapax*)을 강조한다(로마 6,10). 그는 자신의 유다-그리스적 배경에서뿐만 아니라 자신의 선교활동중에 체험한 여러 가지 논쟁과 토론을 근거로 해서 사건들을 바라보는 것이다. 바울로는 그리스도와 관계된 일련의 사건들로부터 다음과 같은 것들을 간파한다. "**의화**"(갈라 2,16-21: 로마 3,21-26: 4,25), "**구원**"(로마 1,16: 5,9: 10,10), "**인간과 하느님과의 화해**"(2고린 5,18-20: 로마 5,10-11: 11,15), "**인간의 속량**"(로마 3,24: 8,23), "**해방**"(갈라 5,1,13: 2고린 3,17: 로마 8,2), "**인간의 모습을 바꾸게 한 것**"(2고린 3,16-18: 로마 12,2), "**새로운 창조**"(갈라 6,15: 2고린 5,17), "**속죄**"(제물)(로마 3,25), "**새로운 생명을 주는 것**"(1고린 15,45: 로마 6,4), "**우리에게 하느님의 아들 되는 자격을 준 것**"(갈라 4,4-6: 로마 8,14-16), "**성화**"(1고린 1,30: 6,11) 그리고 혹은 "**죄의 용서**"〔너그럽게 보아 넘기심. 로마 3,25(*paresis*의 의미는 여러 가지로 해석된다): 골로 1,14 및 에페 1,7(바울로가 썼는지에 대해서 의견이 나뉘어져 있다)〕 등이 그것이다. 바울로에 의한 그리스도론이 가지고 있는 내용상의 풍부함에 필적할 수 있는 것은 독특한 강조점을 지니고 있는 요한 복음서의 구원론과 그리스도론뿐이다.

c. 루가의 그리스도론에는 육화와 육화 이전의 그리스도의 존재에 대한 생각이 없다. 그런 생각은 루가 복음서와 사도행전 어느 것에도 나타나지 않는다. 루가는 예수의 승천에 대해 기술하지만 하늘에서의 중개에 대해서는 언급하지 않는다. 초기에 예수에 대해 사용된 호칭(메시아, 주, 구세주, 사람의 아들, 예언자, 종, 선생 등)이 도처에 나타나는데, 동시에 "**고난을 겪는 메시아**"(루가 24,26.46: 사도 3,18: 17,3: 26,23), "**생명의 주관자**"(사도 3,15: 5,31), "**미리 정해두신 메시아(그리스도)**"(사도 3,20), "**거룩하고 의로운 분**"(사도 3,14) 등 루가의 독자적인 칭호가 사용된다.

루가도 역시 **그리스도의 사건**이 가져온 결과에 대해서 그 나름의 견해를 가지고 있는데, 바울로가 수많은 개념을 사용해서 설명한 것과는 달리 (그는) 그리스도의 구원에 대한 생각을 몇 가지 제한된 개념으로 요약하고 있다. 그것은 **"구원"**〔루가 2.30; 사도 13.26(공관복음 기자 가운데서 루가만이 예수를 "구세주"라고 부르고 있다); 2.11 그리고 사도 5.31 참조〕, **"죄의 용서"**(*aphesis* 루가 24.47; 사도 13.38), **"평화"**(루가 2.14; 19.42; 사도 10.36), **"의화"**〔사도 13.39(단, 바울로의 이해방식과는 다르다)〕 등이다.

d. 요한 복음서는 명확한 그리스도론을 한층 깊은 이해를 가지고 전개하고 있다. 요한은 인간들 틈에서 한 인간으로서 등장하신 하느님을 예수 안에서 발견하고 그에게서 하느님의 구원이 전혀 새로운 형태로 구체화되었다고 본다. 예수 자신이 **"인간 안에 계신 하느님"**(*shekināh*의 개념)과 유다교의 여러 제도(성전의 식으로서의 목욕, 생명의 빵으로서의 만나 등)를 대신하는 것이다. 요한 복음서의 그리스도론은 **말씀**의 육화와 세상과의 관계에서 아들이 아버지와 한몸이라는 주장, 게다가 하느님과의 관계 중 나타내는 존재론적인 그리스도론(말씀은 하느님과 함께 있을 뿐 아니라 하느님이라는 것) 등을 포함한 **"위로부터의"** 그것이었다.

요한 복음서에서는 예수가 선교활동중에서도 이미 자신이 영광중에 있는 것과 같은 말투로 이야기하고 있는 것에 주의할 필요가 있다. 그때문에 요한 복음서의 예수는 **"아브라함이 나기 전부터 나는 있습니다"**(8.58), **"나와 아버지는 하나입니다"**(10.30)와 같은 진술을 한다. 요한 복음서 저자에게서 예수께서 말씀하셨다고 되어 있는 이러한 부분은 바로 같은 복음서에 나타나는 **"위로부터의"** 표현을 구성하는 초석이며 또한 그것이 요한 복음서와(신약성서의) 다른 복음서와의 큰 차이점인 것이다.

요한 복음서의 그리스도론 안에서도 오랜 전승에서 계승된 예수께 대한 호칭이 몇 가지 나타난다. 그리스도로 설명되어 있는 **메시아**(1.41), **하느님의 아들 예수**(1.34), 랍비의 역어로서의 **선생님**(1.38), **이스라엘의 왕**(12.13), **인자**(사람의 아들)(1.51; 3.13 등), **예언자**(4.19), **구원자**(4.42. 루가에도 나타난다) 등이 그것이다. 그러나 이것과는 달리 **하느님의 어린양**(1.29.36), 착한 **목자**(10.11), **생명의 빵**

(6.35.51) 등은 요한 복음서 특유의 호칭이다. 이 호칭들은 그리스도론적이라기보다는 구원론적인 개념이다. 그리스도의 사건이 가져온 결과에 대한 요한 복음서의 견해는 **"구원"**(3.17: 12.47), **"세상의 죄를 치워 없애시는"**(1.29), **"이 세상에 온 빛"**(1.9), 사람에게 **"하느님의 자녀가 되는 권능을 주는 것"**(1.12: 3.5-7), **"부활"**(11.25-26)을 통해 **"영원한 생명"**을 얻음(3.36: 4.14: 5.24) 등의 개념을 통해서 제시되고 있다.

e. 신약성서의 그리스도론적 관점의 차이를 볼 때, 다루어야 할 또 한 가지 문제는 예수의 성령에 대한 관계이다. 바울로가 부활한 그리스도를 반드시 언제나 성령과 구별하고 있는 것은 아니다(예를 들면 2고린 3.17 "주님은 영이십니다", 그리고 1고린 15.45: 로마 1.4 참조). 그러나 그의 서신 안에 세 개의 대구로 이루어진 구절이 몇 개 있으며, 그 중에서 **주**와 **영**이 구별되어 있다고 받아들일 수 있는 곳도 있다(예를 들면 1고린 12.4-6: 2고린 13.14). 루가와 요한 복음서의 그리스도론에서는 분명히 구별되어 있다(루가 24.49: 사도 1.4: 2.4-21.33: 요한 7.39: 14.26: 15.26: 16.7-11).

f. 이제까지 바울로와 루가 및 요한의 그리스도론을 개관했는데 독자적인 그리스도론을 가진 점에서 신약성서 중에서 중요한 지위를 차지하는 마태오 복음서와 그밖에 히브리인들에게 보낸 편지와 요한 묵시록의 그리스도론도 마찬가지로 각기 개략할 수가 있다.

g. 이상과 같이 각기 다른 그리스도론이 존재한다는 사실은 과거에 시도된 평범한 방법으로는 신약성서 신학을 쓰는 일이 얼마나 어려운 일인지를 알려준다. 신약성서 중에 둘 이상의 서로 다른 그리스도론이 있다는 것은 같은 형태로 둘 이상의 다른 신학이 존재한다는 것을 의미하기 때문이다. 그 차이는 간단히 조화를 이룰 수 있는 것이 아니다. 그렇기 때문에 복음서 안의 한 구절을 바울로적인 개념으로 해석하거나 공관복음서 중의 예수의 말씀을 요한 전승의 뉘앙스로 받아들이거나 하는 것도 잘못이다.

　신약성서 중의 각기 다른 그리스도론은 초기 그리스도교 공동체가 묘사하여 후대 그리스도인의 신앙을 위해 유산으로 남겨준 여러 가지 다른 예수상像을 보여주고 있는 것이다.

h. 이 책 서두의 제1문과 제2문에 대해서 저자가 준 답이 좀 부정적이고, 소극적이었다고 생각되지만, 우리 현대 그리스도인의 신앙이 나자렛 예수에 대해서 어디까지 역사적으로 실증할 수 있는가 하는 문제와 관련된 것이 아니라는 사실을 깊이 새겨야 한다. 20세기의 신앙은 하느님의 대리자이자 아들로서 인간 역사 안에 몸소 투신한 예수뿐만 아니라 초기 그리스도교 공동체의 경험과 전승을 통해서 자리잡은 예수에 대한 충성을 의미한다.

　이것은 예수와 현대 신자와의 사이를 한 권의 책(신약성서)이나 초기 그리스도인의 여러 그리스도론으로 떼어놓으려는 것이 아니다. 단, 이러한 영감을 받은 그리스도론은 그리스도교 신앙에 규범이 되며 그후에 생긴 여러 전승에는 나타나지 않은 특징적인 것이다. 신약성서의 그리스도론은 설령 각기 차이가 난다 하더라도 20세기 그리스도인에게는 불가결한 것이며, 그외에는 예수께 통하는 통로가 없는 것이다.

　나자렛의 예수와 초기 그리스도교의 그리스도상을 서로 결부시켜 생각하지 않으면 안된다. 이것은 모든 그후 그리스도론과 구원론에 적용되어야 하는 **원칙 중의 원칙**이다. 이 점에 대해서 뒤에 다시 자세하게 기술하기로 한다.

신약성서에 있는 예수 부활에 대한 언급을
어떻게 해석해야 하는가?

예수의 부활은 신약성서에서 발견되고, 초기 그리스도인들로부터 우리들에게 대대로 계승된 그리스도교 신앙의 중심적인 주장이다. **"예수는 주님이시다"**라고 고백하는 것은 **"하느님께서 그분을 죽은 자들 가운데서 일으키셨다"**(로마 10.9)는 것을 인정하는 것이며 **"그리스도께서 일으켜**(부활)**지지 않으셨다면 우리의 선포도 실상 헛된 것이고 여러분의 믿음도 헛된 것이 되는"**(2고린 15.14) 예수의 부활을 인정하지 않는다는 것은 그 사람이 그리스도인이 아니라는 것을 의미한다.

a. 오늘날 신약성서를 읽는 사람이 예수의 부활에 직면하면서 만나게 되는 문제는(1고린 15.3.7; 1데살 1.9-10; 로마 4.25 등에 나타나 있는) 그리스도교의 근본적 케리그마에 대해서라기보다는 오히려 ① 복음서 전승의 부활이야기 또는 ② 부활한 예수에 대해서 복음서가 가르치고 있다고 여겨지는 것에 대해서이다.

b. 우선 신약성서에는 여섯 가지 다른 부활설화가 있다는 사실을 알 필요가 있다.

　① 마르 16.1-8: 이 부분은 같은 복음서의 가장 훌륭한 그리스어 사본(바티칸 사본. 시나이 사본)에서는 결말 부분에 들어 있다[다른 사본은 세 가지 다른 절에서 끝나고 있다. (i) 코이네Koine 본문 전승과 A, C, D, W, L 등의 사본(⑥ 참조)은 정경 마르코 복음서의 보유補遺, 9-20절. (ii) L. 099. 0112 등의 사본은 가필된 8절. (iii) 워싱턴 사본은 14절에 소위 **프리어 로기온**Freer Logion을 더한 것 등이다. 이것은 다른 복음서에서와 같이 부활한 그리스도의 출현에 대한 기술로 마르코 복음서를 보완하기 위해 두번째로 첨부된 것이다]. 마르 16.1-8은 세 여인, 즉 막달라 여자 마리아, 야고보

의 어머니 마리아 및 살로메가 빈 무덤을 발견한 것과 **"그분은 부활하시어 여기에 계시지 않습니다"**라고 말하는 **흰 예복 입은 젊은이의 부활 선언**(*praeconium paschale*, 6c절), 그리고 여자들은 "두려운 나머지" 아무 말도 하지 못하고 도망쳤다는 것을 전하고 있다(이것은 *ephobounto gar*라는 형태의 접속사로 끝나고 있으며 성서의 장으로서는 기묘한 결말 형태를 취하고 있다!). 마르코 복음서의 이 절은 예수의 부활 자체, 또는 부활한 예수의 출현에 대해 아무런 기술이 없지만 베드로나 다른 제자들이 갈릴래아에서 다시 예수를 만날 것을 분명히 약속하고 있다.

② 마태 28,1-20: 여기서도 빈 무덤의 발견과 **"그분은 여기 계시지 않습니다. 말씀하신 대로 일으켜지셨기 때문입니다"**라는 부활 메시지가 다뤄지고 있다(1-8절). 그러나 마태오 복음서의 부활설화는 그밖에 부활한 그리스도가 예루살렘에서 막달라 여자 마리아와 또 한 사람의 마리아 앞에 출현한 것(9-10절), 경비병이 대사제들에게 보고한 것, 대사제와 원로들이 그 경비병을 매수한 것(11-15절), 갈릴래아에서 그리스도가 열한 제자들 앞에 나타난 것(16-17절), 설교와 세례를 베풀어 새로운 제자로 삼도록 그리스도가 열한 제자에게 명한 것(18-20절) 등을 이야기하고 있다.

③ 루가 24,1-53: 그리스도의 부활에 관한 기술도 빈 무덤의 발견과 **"그분은 여기 계시지 않고 부활하셨습니다"**라는 부활의 알림[告知]을 다루고 있는데(1-12절), 동시에 부활한 그리스도가 먼저 엠마오에서 나타난 것(13-35절), 이어서 예루살렘에 출현한 것(36-43절), 제자들에게 이런 일들의 증인이 되도록 명한 것(44-49절) 그리고 하늘로 이끌리어 올라가셨음(승천, 50-53절) 등에 대해서 말하고 있다.

④ 요한 20,1-29: 여기서도 빈 무덤의 발견(1-10절), 부활한 그리스도가 막달라 마리아에게 나타난 것(11-18절), 예루살렘에서(그들과 함께 있지 않았던 토마를 제외한) 열한 제자들 앞에 나타난 것(19-23절) 그리고(토마를 포함한) 제자들 앞에 다시 나타난 것(24-29절) 등이 기술되어 있다.

⑤ 요한 복음서 부록(21,1-23): 여기서는 본문의 마지막 절(20,30-31)에 이어서 갈릴래아에서 예수께서 일곱 제자들 앞에 나타난 것만이(베드로와 "사랑하시던 제자"의 역할 차이를 분명히하면서) 이야기되고 있다.

⑥ 마르코 복음서 보유補遺(16.9-20): 몇 가지 그리스어 사본에만 나타난다(① 참조). 이 부분은 예수가 부활한 일요일에 예루살렘, 또는 그 근교에서 세 번 나타난 것(9-11.12-13.14-18절)과 같은 날 **"하늘로 받아들여"**(승천)졌다는 것을 말하고 있다.

c. 네 개의 수난설화는 공통성이 잘 나타나 있는 반면 부활설화는 빈 무덤의 발견에 대한 네 개의 기술과 루가 24.13-35의 엠마오 사건과 관련된 것으로 보인 마르코 복음서의 보유補遺의 두 절(16.12-13)을 빼면 각기 독자적인 내용을 가지고 있다. 그 중에 예수의 출현 이야기의 차이는 이상하다. 왜 그 사이에 적어도 1고린 15.5-7에 기술되어 있는 증인의 이름이라도 공통점이 없는 것일까? 마태 28.18-20; 루가 24.47-49; 마르 16.15-16에 나타나는 **"온 세상에 나가 가르치라"**는 큰 명령에 있어서조차 각 복음서의 신학적 강조점에 맞추어서 씌어졌던 것이다(이것은 마르코 복음서의 보유補遺에서까지 그러하다).

뿐만 아니라 예수의 출현 이야기는(C. H. Dodd의 양식사 비평의 용어를 빌리면) **"간결"**, 즉 균형이 잘 잡혀 있어서 반복을 잘 사용하며(마태 29.8-10.16-20; 요한 20.19-23), 때로는 세부사항, 대화 내용, 시간과 장소 등에서 복음 기자들의 창작도 더해져 묘사가 극적이고 "정밀"하다(루가 24.13-35; 요한 21.1-14 참조). 게다가 그 기술이 "절충적인", 즉 "간결"에서 "정밀"로 이행하는 과정에 있는 것도 있다(예를 들면 마르 16.14-15; 루가 24.36-43; 요한 20.11-18.24-29). 요약하면 예수의 출현에 대한 기술은 여러 가지 다른 전승과 문서에서 생긴 것으로서, 부활한 그리스도에 대한 가장 빠른 단계의 설교는 거의 반영되어 있지 않다고 말할 수 있는 것이다.

이와는 대조적으로 가장 빠른 단계의 전승은 부활에 대해서는 일체 언급하지 않고 예수의 십자가상의 죽음에서 영광으로의 **"고양"**에 대해서 가끔 언급할 뿐이다(필립 2.8-11에 사용되고 있는 바울로 이전의 그리스도교의 찬미가, 디모 3.16 및 후대 문서 중에 사용되어 있는 초기의 시詩 등 참조).

결국 각기 다른 예수의 출현설화는 1고린 15.3-7에 나타나는 것과 같은 부활한 그리스도의 출현에 대한 기본적인 기술을 보충하기 위한 것으로 보아야 한다.

d. 무덤은 정말로 비어 있었을까? 이것은 다만 현대인의 물음만이 아니다. 예를 들면 마태오 복음서가 무덤 입구에 큰 돌을 굴려놓은 것, 경비대가 있었던 것(27,62-66), 경비대의 보고와 그 경비대가 매수된 것(28,11-15) 등을 기술하고 그와 같은 질문에 대한 당시의 그리스도인의 반론을 제시하고 있음을 알 수 있는 것이다. 이들 대목은 마태오 복음서에 독자적인 것이고 분명히 "유다인"에 대한 변증의 의미를 가지고 있다. 그러나 이 기술은 다만 하나의 복음서에 국한되어 있으며 빈 무덤설화의 다른 양식은, 예를 들면 마르코 복음서의 더 오랜 양식이나 독립적으로 성립된 것으로 보이는 요한 복음서의 양식에서는 발견되지 않는다. 1930년대에 "요셉의 아들 예수"(*Yeshûa' bar Yehôseph*)라는 죽은 자의 조각 문구가 있는 1세기의 석제 유골상자(시신의 살 부위가 썩은 다음 뼈를 모아서 다시 매장하기 위한 상자)가 발굴되었다. 이 유골상자를 발견하고 그 비명碑銘을 발표한 유다인 학자 수케닉(E. L. Sukenik: 이스라엘 전 수상 Y. Yadin의 아버지)은 "예수"와 "요셉"이라는 이름이 1세기 팔레스틴 유다인 사이에는 흔히 발견되는 이름이라는 이유로 그들을 특별히 신약성서의 인물과 결부시키지는 않았다. 그렇지만 1고린 15,3-5에 사용되고 있는 케리그마의 단편에 **"그리스도께서는 성경(말씀)대로 우리 죄를 위해서 죽으시고 묻히셨으며, 또 성경(말씀)대로 사흘 만에 일으켜지시고 게파에게, 다음에는 열두(제자)에게 나타나셨다"**고 기술되어 있는 반면, 빈 무덤에 대해서는 일체 기술되어 있지 않다는 것이 종종 논의의 표적이 되곤 한다. 빈 무덤 이야기는 후대에 "호교론적 의도에 입각한" 창작이라는 것이 그 논점이다. 확실히 이 케리그마의 단편에는 빈 무덤에 대해서는 언급되어 있지 않다. 그러나 여기서 주의해야 하는 것은 그 대목의 전반에 나타나 있고 사도 13,28-31의 바울로 설교에도 반영돼 있는 네 가지 사건(죽음, 묻힘, 부활, 출현)을 병렬적으로 들고 있는 정식 표현定式表現이다. 그리고 그 하나하나는 **"그것은"**(*hoti*)이라는 말로 시작된다. 그때 하나하나의 사건을 자세히 진술하는 것보다는 그 정식 표현의 성격에 중점을 두고 있다는 것은 분명하다. 또는 빈 무덤의 발견 이야기는 그 케리그마 자체보다는 후대에 형성된 것으로 볼 수 있지만 그렇다고 해서 무덤에 대한 이야기의 진실성이 모두 상실되는 것은 아

니다. 왜냐하면 빈 무덤의 발견에 대한 언급은 이미 마르코의 원시 수난설화
(16.3-6)의 일부였고, 또한 독립된 요한 복음서에도 기록되어 있기 때문이다.

e. 예수의 부활에 관한 현대의 문제 중 하나는 부활한 그리스도에 대해서 신약
성서가 전하는 것을 우리가 받아들이는 방식이다. 여기서 몇 가지 중요한 점을
생각해야 한다.

① 마티아가 열두 사도의 한 사람으로 선발된 것을 기술하고 있는 사도 1,22
에서 그가 **"부활의 증인"**이었던 것을 선택 기준의 하나로 들고 있는데, 실제
로 예수가 부활한 자리에 함께 있었던 사람은 없다. 지진이 일어나고 주님의
천사가 하늘에서 내려오고 그 돌을 굴려내고 그 위에 앉았던 것을 기술한 마태
28,2b에조차 실제 장면을 목격했다고는 씌어 있지 않다. 사도 1,22에서 루가
가 추상적으로 진술하고 있는 것이 그 대목의 진정한 의미가 된다. 즉, **"부활
한 그리스도의 증인"** 중의 한 사람, 다시 말하면 그리스도를 줄곧 목격해 왔
던 사람이 유다를 대신해서 열두 사도에 들어와야 한다는 것이다(사도 4,33에 대해서
도 똑같이 말할 수 있다).

> 정경 복음서는 모두 후대의 위경偽經, **베드로 복음서**가 시도한 것, 즉 예수가 무
> 덤에서 걸어나왔다는 기술은 하지 않는다. 주의 날이 밝아오는 밤에 병졸들이
> 둘씩둘씩 경계하며 망을 보고 있을 때 하늘에서 큰 소리가 울려퍼졌다. 그들은
> 하늘이 열리고 큰 빛 속에 두 사람이 내려와 무덤에 접근하는 것을 보았다. 무덤
> 의 입구를 막았던 돌이 저절로 구르기 시작하여 옆으로 물러나 무덤이 열리고
> 두 젊은 사람이 함께 그 안으로 들어갔다. 이와 같은 광경을 본 병졸들은 백인대
> 장과 원로들을 깨웠다. 왜냐하면 그들도 망보는 것을 도와 주기 위해 그곳에 있
> 었기 때문이다. 그리고 그들이 본 것을 이야기하고 있을 때 그들은 다시 세 사람
> 이 무덤에서 나오는데 두 사람은 다른 한 사람을 떠받치고 십자가가 그들 뒤를
> 따르는 것을 보았다. 그리고 그들은 두 사람의 머리가 천국에 도달한 것을, 그러
> 나 그들이 인도한 사람의 머리는 하늘을 능가하는 손에 의해서 천국에 도달한

것을 보았다. 그리고 그들은 하늘로부터 "너희는 잠을 자고 있는 그들에게 전교
하였느냐?"고 외치는 소리를 들었다. 그리고 십자가에서 "네"라고 대답하는 소리
가 들렸다(*HSNTA*, 1.185-6 대조).

이렇게 이 위경 복음서는 부활의 자세한 부분을 상상력으로 채우고 예수가 무
덤에서 나온 것을 기술하고 있다. 그것은 후대의 의문에 대답하려고 한 것이며
루가가 사도 1,9-11에서 승천에 대해서 기술하는 것과 같은 방법으로 부활을
구체적으로 묘사하고자 한 것이다.

② 신약성서는 예수의 부활을(요한 11,43-44; 12,1-2의 라자로의 경우와 같이) 생전의 세
상 본래의 모습으로 되돌아온다는 의미의 소생으로서 기술하는 것은 결코 아니
다. 부활 후의 그리스도는 40일 동안 이 지상에서 생활한 것처럼 묘사되지도
않고 베일에 가려진 존재처럼 묘사되지도 않는다. 루가는 부활 후 예수가 유령
과 같았다는 생각은 명백히 부정한다(24,37-39).

③ 신약성서는 분명히 말하고 있지는 않지만 암암리에 부활 후 그리스도가
나타난 것은 영광중에서, 즉 아버지 하느님 앞에서였다는 것을 반복해서 시사
하고 있다. 로마 6,4는 **"그리스도께서 아버지의 영광으로 말미암아 죽은
자들 가운데서 일으켜지신 이"**라고 말하고 또 루가 24,26에서는 부활한 그
리스도가 엠마오로 가는 제자들에게 **그리스도께서는 이런 고난을 겪고 자기
영광을 누리게 되어 있지 않습니까?**라고 묻는다. 여기서 빈 무덤을 발견한
그날, 부활한 그리스도가 사용한 "… 것은 필요한 것이 아니었냐"는 과거시제
임에 주목하라.

다시 말하면 부활한 그리스도가 다마스커스로 향하는 바울로에게 나타났을
때와 그 이전에 다른 제자들에게 나타났을 때의 유일한 차이는 시기상의 차이
뿐이다. 즉, 바울로에게는 성령강림 후에 나타난 것이다. 그때 그리스도의 출
현이 **"공간적으로"** 어디에서였느냐에 대해 달리 이해되어서는 안되는 것이다.

④ 부활한 그리스도가 제자들 앞에 나타났을 때 언제나 당신이 누구인지를
강조하지만 **"다른 모습"**으로 나타난 것으로도 언급되고 있다(마르 16,12). 예수가

가까이 있어도 글레오파와 그 동행자는 알아차리지 못했다(루가 24,16). 그리고 막달라 마리아도 똑같았다(요한 20,1-16). 이러한 사실을 어떻게 해석하든 이와 관련해서 상기해야 할 것은 바울로가 지적한 썩을 것으로 씨 뿌려진 **"자연적인 몸"**과 일으켜진 **"영적인 몸"**의 차이이다(1고린 15,42-44). 바울로는 **"부활한 몸"**을 표현하고자 그것을 **"몸"**이 아닌 것, 즉 **"영적인 것"**으로 기술하고 있다. 그것을 단지 수사적 표현으로 처리할 것인가? 그럴 수는 없다. 이것은 부활한 그리스도와 그 **"영광을 받은"** 몸을 어떻게 보아야 하느냐에 대해 무엇인가를 말하고 있기 때문이다.

f. 그리스도의 죽음, 묻힘, 부활, 출현을 선포한 초기 그리스도교의 케리그마는 팔레스틴 유다인 그리스도교적 배경에서 나왔다. 사후에 대한 생각은 그리스 철학의 육체와 대립된 영혼이라는 이원론적인 것도 영혼불멸론의 그것도 아니었다. 그것은 **"부활"**, 즉 **"육신의 부활"**이라고 생각하는 전통(다니 12,2 참조)에서 생겨났다. 그러한 사후 생명에 관한 견해에서 어떠한 결론이 도출되는가를 분명히 말하기는 어렵다. 어쨌든 초기의 케리그마는 예수가 살아 있었다든가, 제자들의 삶 안에 살아서 현실로 영향을 주었다고 주장하는 것만으로 만족하지 않고 아버지 하느님 앞에서 영광 상태로 들어높여진 것을 염두에 두었던 것이다.

　일부 성서 해석자는 예수의 **"육신의 부활"**이라는 생각을 부정하고, 빈 무덤의 전승에 대하여 회의적이지만, 예수가 육신적으로 부활해서 영광의 상태에 들어갔다고 하는 것은 신약성서 안의 케리그마적 선포의 근본적 요소이고 그리스도교 신앙의 근본적 주장임을 우리는 강조해야 한다.

예수 승천에 대한 신약성서의 언급을
어떻게 이해해야 하는가?

a. 예수의 승천에 관한 신약성서의 여러 가지 다른 기술을 분석하는 데는 각기 다른 뉘앙스를 우선 알 필요가 있다.

① 예수께서 아버지 하느님 곁으로 또는 영광의 상태로 돌아간 것을 기록한 것 중 가장 오랜 표현은 **"높이 들림"**이라는 말이다. 그리고 그 말의 사용방식에 있어 그것이 **"부활"**과 **"승천"**의 어느 쪽을 의미하는지 판단하기가 어렵다. 이런 오랜 기술은 예수가 십자가상의 죽음에서 영광중에 하늘의 아버지 곁에 있는 상태로 옮겨간 것을 **부활**이라는 말을 사용하지 않고 기술한 것처럼 생각된다[필립 2,8-11에 사용되고 있는 바울로 이전의 찬미가의 일부, 1디모 3,16에 나타난 오랜 찬미가 참조. 그리고 "들어올려지게" 된 예수에 대해서 — 예컨대 요한 12,32-34(십자가상에서? 또는 영광중에?) — 말하는 요한 복음서의 양식을 생각하라].

② 신약성서의 어떤 구절은 묘사 없이 그리고 시간과 공간의 개념 없이 승천을 언급하고 있다[예를 들면, 로마 10,6에서는 (함축적으로), 에페 4,8-10에서는 더 명확하게 승천이 이루어지고 있다]. 이러한 대목에서 승천은 당연한 사실로서 다루어진다. 그리고 그리스도께 대한 신앙의 용이함(로마 10장)과 영광중에 계신 그리스도의 그리스도교 공동체에의 선물(에페 4장) 등 다른 신학적인 주장의 기초로서 사용되었다.

③ 그리고 신약성서의 몇 가지 구절은 예수가 부활 당일 **"하늘로 이끌리어 올라가셨다"**, **"하느님 오른편에 앉으셨다"** 또는 하느님께로 **"올라간다"**고 언급한다(루가 24,51; 마르 16,19; 요한 20,17). 그러한 구절은 승천날(부활 일요일)을 확정하고, 행선지(하늘, 아버지 하느님)를 고정시키고 있다. 그리고 승천을 부활과 밀접하게 관련지어, 결국 ①에서 진술한 높이 들림의 본래의 의미와 거의 변화가 없다.

④ 사도 1,3.9-11은 승천에 관한 짧은 기술을 하고 그 시기[1,3에서는 **부활한 지**

40일 뒤라고 하는데 13,31에는 "여러 날"(*hēmeras pleious*)이라고 되어 있다), **장소**(1,12의 "올리브 산에 서"), 승천 모습(1,9의 "위로 올라가셨다. … 구름이 그분을 감싸 그들의 시야에서 사라지게 하였다"), 그 리고 그 행선지(1,11의 **하늘**)를 확정하고 있다.

루가가 기술한 사도행전에서 우리는 전통적인 "승천"의 이미지를 얻는다. 그 러나 이와 같은 승천 장면은 신약성서에서 사도행전의 이 부분뿐이다. 그것은 **위**僞 **베드로 복음서**가 그리스도께서 무덤에서 나오는 장면을 구체적으로 묘사 함으로써 부활에 대해서 시도했던 것(제18문 e 참조)과 맥을 같이하고 있다. 그런 데 루가 24장에서는 사도행전과 달리 그리스도의 "승천"을 부활한 일요일 당일 로 추정하고 있다. 시나이Sinaiticus와 베자Bezae 양 사본을 후세에 필사한 사자생 寫字生이나 고대 라틴어역 성서(*Vetus Latina*)의 번역자들은 이 차이를 해결하기 위 해 루가 24,51의 **"하늘로 이끌리어 올라가셨다"**라는 중요한 말을 생략하고 말았다. 그리고 웨스트코트Westcott와 호르트Hort도 1881년의 그리스어 신약성서 본문의 비평판 안에서 이러한 말을 생략하여 신약성서 비판 학자 사이에 물의 를 자아냈다. 그러나 루가 복음서의 파피루스Papyrus 사본인 파피루스 보드머 14(Papyrus Bodmer 14, 200년 전후 각각 25년 사이에 쓰어졌다고 추정된다) 사본의 발견 이래 대 부분의 비판 학자는 웨스트코트와 호르트의 견해에 동의하지 않는다. 그 파피 루스 사본만이 아니라 가장 좋은 그리스어 사본의 대부분에도 위에 말한 일절 이 포함되어 있기 때문이다.

사본의 사자생寫字生은 문제의 말에 가필해서 혼란을 초래하기보다는 생략해 서 모순을 해결한 편이 합리적이라고 생각했을 것이다. 루가 24,51의 말은 **더 어려운 읽기를 채용해야 한다**(*lectio difficilior praeferenda*)는 본문비평의 원칙에 바 탕을 둔 것이다(P. Benoit, "The Ascension", *Jesus and the Gospel: Volume 1* (New York: Herder and Herder 1973) 209-53 참조).

b. **승천**을 나타내는 영어 "Ascension" 또는 "Ascent"는 **상승**을 의미하며, 신약성서 안에서 예수께서 **승천**했다고 할 때 천공天空 또는 천계天界를 통해 올 라가는 것을 의미하고 있다(에페 4,10 참조: 그리고 아리스토텔레스의 『형이상학』 12,8, 1073a 대

조). 신약성서에서 "아버지" 또는 "하느님"께로 올라가는 것을 표현하기 위해서 (요한 20.17) 때로는 묵시적인 온갖 장비를 사용하며(구름을 타고 하늘로 올라가는 것 등), 그리고 시대의 규제 아래 있는 **하늘**의 개념을 사용하고 있다.

게다가 "승천"이라는 말은〔"(아버지 하느님에 의해) 하늘로 올려졌다"고〕 수동적으로 사용 되는 때도 있는가 하면〔"나는 … 올라간다"(요한 20.17)〕, 능동적으로 사용되는 때도 있 다〔"높은 곳으로 올라가셨다"(에페 4.8)〕. 이러한 시대적 제약을 받은 요소나 **승천**이라는 말의 다른 사용방식이 그 말의 진정한 의미의 이해를 한층 어렵게 하고 있다.

c. "승천"이라는 것은 신약성서를 읽는 그리스도인에게 부활하여 하늘로 올라 간 그리스도께서 영광중에 아버지 하느님과 함께 계셔서(루가 24.26을 상기하자), 신 자들의 눈에는 이미 보이지 않게 되었어도 실제로 그들 사이에 현존하고 계심 을 나타내는 가장 감동적이고 효과적인 수단으로서 성령을 보내실 것을 확언하 는 것이다.

예수의 승천에 관한 신약성서의 대목에서 다루고자 하는 점은 **부활, 들어높 임, 승천** 또는 **아버지 하느님께로의 복귀** 등 여러 가지로 표현되는 예수의 존재의 복잡한 위상과 아울러 예수는 자신의 **생명을 주는 성령** 안에서 제자들 과 교회에 계속해서 영원히 현존한다는 사실이다. 예수의 죽음을 포함한 이 이 해하기 어려운 사상이야말로 올바른 의미에서의 **"해방의 신비"**인 것이다.

신약성서에서는 예수의 부활이 소생, 또는 이 지상에서의 생활에로의 복귀가 아니라 아버지 하느님의 영광스러운 면전에서의 육신의 부활로 표현되고 있다 는 것을 알면, 그리고 영광중에서 그리스도께서 제자들 앞에 나타난 것을 알면 그 "승천"이 모였던 제자들에게는 마지막 출현이며 눈으로 볼 수 있는 형태에 서의 이별이었다는 것을 쉽게 알 수 있다. 그후에 그리스도는 제자들의 공동체 (사도행전에는 아직 "교회"라는 말이 사용되지 않았다)에 다시 모습을 나타내는 일이 없었다. 그후 그리스도의 현존은 성령, 즉 **"아버지께서 약속하신 것"**(루가 24.49: 사도 1.4), 하느님의 오른편으로 높이 올려진 분이신 예수가 부어주신 성령(사도 2.33) 을 통해서만 이루어졌다. 단, 엠마오의 사건이 보여주는 것처럼 **"빵을 떼어주**

실” 때에도 현존하실 것을 약속하고 있다(루가 24,35). 성령강림 후 부활한 그리스도께서 다마스커스로 향하는 사울로(바울로)에게 나타나셨다는 것은 사실이다 (사도 9,5; 22,8; 26,15). 루가는 그러한 대목에서 한 번은 극적인 표현으로 다른 대목에서는 바울로 자신이 1고린 9,1; 갈라 1,16에서 말하고 있는 바와 같은 형태(성령강림을 언급하지 않는다)로 그때의 그리스도의 출현을 언급하고 있다. 그러나 그것은 “뽑은 도구”(사도 9,15)이며 “이방 민족들의 사도”(로마 11,13)가 되도록 특별히 선발된 한 개인에 대한 부활한 그리스도의 출현이었던 것이다.

d. 위에 진술한 바에서도 알 수 있는 것처럼 **“승천”**과 관련하여 성령의 선물이 있다. 사도 2,4는 해방절 50일 후 오순절 날에 **“성령으로 가득 찼다”**고 전하고 있다(2,23 참조). 그에 반해서 요한 20,22에는 “제자들에게 숨을 불어넣으시며 **성령을 받으시오**라고 말씀하셨다”고 한 것처럼 빈 무덤이 발견된 날 저녁에, 부활한 그리스도가 그곳에 모여 있던 제자들에게 성령을 주셨다고 기록되어 있다.

이 성령강림의 날과 시의 차이는 승천 때에 나타난 차이와 맥을 같이한다. 단, 전자의 경우는 같은 신약성서의 저자의 작품 안에서는 그 차이가 발견되지 않는다는 점만이 다르다. **승천**날이 실제로 언제였는지 확인할 수 없는 것과같이 성령이 언제 처음으로 초대 그리스도인들에게 내렸는지도 알 수 없는 것이다. 그렇지만 루가와 요한 양 복음서 모두 성령이 내렸다고 하는 기본적 인식에서는 일치한다. 그 점은 신약성서의 최초의 신학자인 바울로도 몇 번이고 그것을 인정하고 기정 사실로서 다루고 있다(갈라 3,2.5; 4,6; 로마 8,2-3.12-17; 1고린 12,3).

복합된 그리스도의 사건과 그 효과의 여러 모습을 역사화한 것은 루가였다. 그는 그것으로써 부활한 그리스도와 성령의 실재성을 그리스도인의 생활 안에 확고하게 심어놓으려 하였다. 부활한 그리스도의 현존과 그 영향력의 진실성을 강조하기 위해, 그리고 성령이 진짜로 주어졌다는 것을 입증하기 위해 극화까지 시도하고 있는 것이다[J. A. Fitzmyer의 논문, “The Ascension of Christ and Pentecost”, *TS* 45 (1984) 409-40 참조].

예수는 당신이 하느님이라는 것을 분명히 주장하였는가?

a. 이 물음은 여러 가지 다른 뉘앙스를 포함하고 있다. 만약 그것이 초기의 선교활동에 종사하고 있던 동안에 예수가 가지고 있던 자아의식에 대해 묻는 것이라고 하면 이미 제2문 e에서 언급한 바와 같은 문제에 부닥친다. 예수의 의식 안에 무엇이 있었는지는 전혀 알 수 없다. 예수가 말한 것과 행한 것은 확실히 그 의식을 간접적으로 반영하고 있다고 생각되지만 그것에 관한 기록은 모두 예수의 사후 수십 년이 지나서 씌어진 것에 지나지 않는다. 그러므로 예수의 의식을 직접적으로는 물론 간접적으로도 명확한 형태로 반영하고 있다고는 볼 수 없다.

요한 복음서는 예수가 **"나와 아버지는 하나입니다"**(10.30), 또는 **"아버지께서 내 안에 계시고 또 내가 아버지 안에 있다"**(10.38)라고 말했다고 전하고 있다. 그러나 문제는 역사적 예수의 의식에 대해서 제기된 문제에 대답하는데 단순히 요한 복음서에 씌어 있는 예수의 말씀을 인용하는 것만으로 해결될 수 있겠느냐는 것이다. 물론 이와 같은 예수의 말씀을 언급하는 요한 복음서의 문맥, 게다가 그 복음서 전체를 관통하는 주장을 무시할 수는 없다. 하지만 위에 말한 물음에 대해 이러한 요한 복음서 안의 말씀으로 대답하는 것은〔영국 교회 주교 John A. T. Robinson이 *Can We Trust the New Testament?* (Grand Rapids, MI: Eerdmans, 1977) 16에서 말하는〕 "경건주의자들의 근본주의"에 그릇된 보증을 하는 것이 된다. 설령 예수가 자신의 신성을 알았다고 주장한다 할지라도 그 주장을 요한 복음서의 진술과 같은 양식으로 나타내기는 어려울 것이다. 왜냐하면 요한 복음서에 나오는 예수의 분명한 주장은 한 세대 또는 그 이상의 명상과 사색에서 나온 것이기 때문이다.

b. 만약 처음 질문이 예수가 명확히 하느님이라는 것을 주장했는지 여부를 묻고 있는 것이라면 두 가지 답을 생각할 수 있다.

① 만약 그 물음이 역사의 예수가 하느님이라는 것을 분명히 주장하였는지 여부의 의미라면 어느 복음서에도 그러한 주장은 나타나지 않는다. "나는 하느님이다"(*egō eimi theos*)라고 예수가 분명히 말했다고는 씌어 있지 않은 것이다. 확실히 복음서 기자들은 **데오스***Theos*라는 말을 예수에게 사용하고 있다(요한 1,1: 20,28: 히브 1,8). 그러나 그것은 예수를 믿는 사람들의 "신앙고백상의" 호칭이며 복음서 저자가 속한 시대의 그리스도교의 관례를 반영한 것으로 예수의 지상에 있어서의 선교활동에 돌릴 수는 도저히 없다. 이 **데오스**라는 말은 신약성서 전승 안에서도 후기에 속한 것으로 그전에는 찾아볼 수 없기 때문이다.

② 만약 "분명히 주장했다"는 말이 자신이 야훼와 특수하고 밀접한 관계에 있으며 하늘에서 보내진 다른 존재와는 다르다고 하는 예수의 의식을 의미한다고 하면 조건부 대답은 "그렇다"이다. 예수에 관한 공관복음서 및 요한 복음서의 전승 안의 여러 가지 요소(제10문 d 참조)는 예수가 그와 같은 하느님에 대한 관계를 사람들에게 전하는 경우에도 함축적이고 간접적이었음을 보여주고 있다. **"그 말씀은 하느님이셨다"**(요한 1,1)라는 형태로 신약성서 자체 안에서 정식화定式化되기까지, 즉 그 관계가 명확히 제시되기까지는 시간의 경과가 필요했던 것이다.

c. 여기서 다음 두 가지 점에 대해서 더 말해 둘 필요가 있다.

① 예수가 같은 시대 사람들로부터 받은 종교적 비난의 하나로 신약성서에도 여러 가지 형태로 반영되어 있는 것은 **"하느님을 모독하는구나"** 하는 것이었다[마르 2,7: 14,64: 요한 10,33("당신은 한갓 사람이면서 하느님 행세를 하고 있기 때문이오"),36]. 그 비난의 구체적인 내용을 아는 것은 문맥의 다양성 때문에 불가능한데, 그것이 예수께 향한 주요한 공격에 대한 초기 그리스도인의 기억을 반영하고 있다는 것은 틀림없다. 어쨌든 그것은 예수가 당신과 야훼와의 관계가 어떠한 형태로든 동등하고 특별한 것으로서 사람들에게 말했다고 하는 인상과 관계가 없다고 생

각되지는 않는다(요한 5,18).

 ② 그리스도교 이전 팔레스틴의 일신교적 상황 속에서 유다인인 예수가 공공연히 "나는 하느님이다"(아람어로 *'anāh 'elāh*, 또는 그리스어로 *egō eimi theos*)라고 주장할 수가 있었을까? 이 질문 자체가 바로 대답이다. 왜냐하면 "하느님"은 이스라엘의 "한분이신 하느님" 야훼를 의미한다는 사실에서 이와 같은 진술이 어떻게 이해되어야 하는지를 상상할 수 없기 때문이다〔신약성서 안에서 **테오스**라는 말이 사용되어 있는 경우는 그 대부분이 (예수가 "아빠"*abbā*'라고 부른) 야훼의 칭호로서 사용되어 있는 것을 생각하라〕.

d. 비록 예수가 하느님이라고 주장하지는 않았다 하더라도 그는 자신이 하느님이었다는 것을 알았을까? 이것은 단순히 나자렛 예수의 직접 또는 반성적 의식에 대한 또 다른 방법의 질문이 아닐까? 그러나 1세기 팔레스틴 유다인에게 있어 "하느님"은 "야훼" 또는 "하늘에 계신 아버지"를 뜻했을 것인데 그렇다면 질문은 "예수가 자신이 하늘에 계신 아버지였다는 사실을 알았느냐"는 것이 될 터인데 만일 그렇게 말한다면 그 대답은 "아니오"이다. 그것은 그리스도인 신학자들이 "하느님"의 의미를 해독하기까지는 이러한 명칭에 하늘에 계신 하느님 아버지와 동시에 아들을 포함시킬 수는 없기 때문이다. 그러나 예수는 우리가 신앙 안에서 참 하느님이시고 참 사람으로 표현하는 자신의 신원에 대한 직관적 사실을 가지고 있었다. 예수가 그 직관을 개념화할 수 있는, 또 그것을 다른 사람들에게 전하기 위해 말로 정식화할 수 있었는지 여부는 아무도 대답할 수 없는 또 다른 문제이다. 그러나 확실히 나자렛 예수는 자신이 바로 하늘이 보낸 또 다른 예언자가 아니라는 사실은 알고 있었을 것이다.

e. 이 점에 관해서는 신약성서 기자가 예수를 **만물에 앞서 태어나신 분**"(골로 1,14)이라고 부른 것을 상기하는 것이 중요하다. 그러나 그 말은 결국 아리우스 Arius에 의해서 "말씀이 없었던 때가 있었다", 즉 그 "말씀은 조물이었다"는 뜻으로 해석되었다. 그러나 니케아 공의회(325)는 그런 이단적 주장을 단죄하였고, 그 신경에서 말씀은 하느님 아버지와 "한분"(*homoousios*)이었음을 인정하였

다. 그후 451년 칼케돈 공의회는 그같은 "주 그리스도께서는 … 참 하느님이시며 참 사람이셨으며 … 신성과 인성에 있어서 한분이시며 동일하신 (그러나) 두 본성이 두 위격 안에서 뒤섞이지도 않고 변질되지도 나누이지도 분리되지도 않고 … 한 위격과 본체 안에서 공동으로 작용하는 특성을 지니고 있음을 우리는 믿는다"(DS 302)고 가르쳤다. 이렇게 두 공의회는 예수를 신이며 사람으로서 오랜 동안 주장해 온 것을 단언하였다. 이 신앙은 예수가 자신이 누구인지를 알게 되고 그 지식을 간접적인 방법으로 자신의 동시대 사람과 나누었으며, 부활 후 얼마 안되어 당신이 하느님의 아들이었다는 확신이 생겼다는 데에 근거한 것이다. 교회는 예수가 자신이 하느님이었다는 것을 알았다고 규정하지는 않았지만 말씀의 선재와 그의 육화에 대한 교회의 고정적인 가르침은 부활 후 즉시 시작된 것이다. 요한 복음서(최종적으로 90~95년경에 편집되었다)가 이러한 1세기의 가르침에 대한 설득력 있는 증언이다. 이러한 가르침이 예수가 당신이 하느님이었다는 것을 알았다는 함축적인 확신일 것이다.

f. 그러나 신약성서의 자료에만 국한한다면 우리는 나자렛 예수가 자신이 이스라엘의 하느님 야훼와 독특한 방법으로 관계되었으며 야훼를 아빠*'abbā'*(마르 14.36)라고 말하고 또한 그와 같은 의식을 어떤 간접적인 방법으로 당신을 따르는 사람들에게 전했다는 것을 말해야 할 것이다. 그러나 이러한 예수까지도 부자 청년이 **"선하신 선생님, 제가 무엇을 해야 영원한 생명을 얻겠습니까?"** 하고 묻자 이렇게 대답하셨다. **"왜 나를 선하다고 하느냐? 선하신 분은 오직 하느님뿐이시다"**(마르 10.17-18: 루가 18.19). 여기서 예수는 하느님의 특권이 정당하게 자신(당신)에게 속한 것이 아님을 주장하는 것으로 묘사되어 있다. 이러한 말씀은 예수가 당신 생애와 선교중에 가졌던 의식에 대한 문제를 두드러지게 한다. 그러나 예수가 청년에게 한 대답이 후에 마태오 복음서에서 어떻게 바뀌었는지 보라. **"제가 무슨 선한 일을 해야 영원한 생명을 얻겠습니까?"** **"왜 너는 나에게 와서 선한 일에 대하여 묻느냐?"**(19.16-17). 여기서 우리는 후대의 복음서 저자가 이미 예수의 함축적인 신성神性에 대한 문제를 어떻

게 다루고 있는지를 본다. 즉, 검열의 붉은 연필이 마르코 복음서와 루가 복음서의 예수에게 한 것처럼 복음서 저자로 하여금 하느님의 선성善性이라는 특권을 부정하는 예수를 묘사하지 못하게 한 것이다. 이 물음에 긍정적으로 대답한 F.-P. Dreyfus, *Did Jesus Know He Was God?* (Chicago: Franciscan Herald, 1989), 이밖에도 예수의 신원의식에 대한 질문에 더 걸맞은 분위기로 대답을 시도한 R. E. Brown, "Did Jesus Know He Was God?" *BTB* 15(1985) 74-9가 그중 대조해 볼 만한 자료이겠다.

나자렛 예수는 미래에 대해서까지도 아는, 그야말로 전지全知한 분이었는가?

다시 이것은 역사의 예수를 정신분석하려고 하는 물음이며 그것은 쉽게 대답될 수 있는 것이 아니다.

a. 루가 2,52는 **"예수는 지혜와 키가 자라고 하느님과 사람들의 총애도 더해 갔다"**고 기록하고 있다. 이 말은 그의 지식은 누적적인 것이었고 이 점에 있어서는 그도 다른 사람들과 같았으며 자라면서 지적으로 발전할 수 있었다는 것을 의미하는 것이다. 그러므로 분명히 예수는 "모든 것을 알지" 못한 것이다.

b. 만일 누가 이 이상을 요구하며 예수가 모든 것을 알고 있었는지를 묻는다면 이 물음에 대한 대답은 신약성서에 없다. 더군다나 예수는 미래의 모든 것을 알지 못했던 것도 분명한 것 같다(예를 들면 인쇄술이나 원자 또는 수소폭탄의 발명, 그리스도교 교회의 분열, 컴퓨터 공학, 공산주의의 붕괴). 이러한 미래의 지식을 그가 가지고 있었으리라고 실제로 기대한 사람은 아무도 없다.

c. 자신에게 다가올 운명(십자가형에 의한 죽음)에 대한 예수의 지식도 또한 불확실한 것이다. 공관복음서에는 예수의 다가올 수난과 죽음(마르 8,31; 9,31; 10,33-34. 그리고 병행 단락, 즉 루가 복음서의 다른 대목이 첨부될 수도 있다)에 대한 세 번의 예고를 기록하고 있다. 이러한 대목은 예수가 어떠한 운명이 자신에게 닥쳐오고 있는지를 알고 있었다는 것을 시사한다. 그러나 해당되는 대목을 분석해 보면 이러한 소위 예고들은 나중에 정식화되어 공관복음서의 수난설화에서 이끌어낸 세목들이라는 것을 알게 된다. 그것들은 단순히 나자렛 예수가 선교중에 말한 실제적인 예고로 간주될 수 없다. 그

러나 예수가 분명히 가지고 있던 자신의 반대자들의 손에 격렬하게 죽으리라고 확신했음을 의심할 이유는 없다. 설령 고전적인 세 번의 예고가 문체상 정식화된 것임을 입증한다 할지라도 그것들은 예수가 신중하게 제자들에게 예루살렘에서 있을지도 모르는 자신의 운명에 대해 말한 것을 배제하지 않는다. 예수가 그 운명의 형태(예를 들면 돌에 맞아서나, 또는 십자가형에 의한)에 대해 분명히 알고 있었는지는 말할 수 없는 것이고, 실제로 있음직하지도 않은 것이다. 마르 10,38의 **"당신들은 내가 마시는 잔을 마실 수 있으며, 내가 받을 세례를 받을 수 있습니까?"**에서 비유적인 말로 자신의 죽음을 이야기하고 있는 예수가 어떻게 묘사되었는지에 주목하라.

d. 마르코 13장과 공관복음서의 병행문은 종말론적 담론을 말하고 있는 예수를 묘사하고 있는데, 그것은 예루살렘 성전에 대해서만이 아니라 닥쳐올 환난의 날에 대해서도 말하는 것이다. 그렇지만 예수는 마르 13,32에서 **"그러나 그 날과 시간에 대해서는 아무도 모릅니다. 아버지 외에는 하늘에 있는 천사들이나 아들조차도 모릅니다"**라고 분명히 말한다. 마태 24,36 대조.

e. 실은 칼케돈 공의회(451)에서 규명한 바에 입각해서 질문을 시도해야 한다. 그 공의회에 의하면 예수는 인성과 신성을 지닌 하나의 신적 위격이다. 그러므로 그는 인간적 지성만이 아니라 신적 지성도 가지고 있는 것이다. 그러면 그와 같은 관계에서 유한한 능력을 지닌 그의 인간적 지성이 그의 신적 지성이 알고 있는 모든 것을 알고 있었는지를 물을 수 있다는 것이다. 그런데 만일 그의 신적 지성을 가지고 예수가 자신이 하느님이었음을 알고 또 모든 것의 미래까지도 알고 있었다면 그의 신성에 위격적으로 결합된 그의 인간적 지성은 이런 것들에 대한 다소 제한된 비개념적 인간의 이해를 가졌을 것이다. 그러나 신약성서는 칼케돈의 가르침에 대한 아무런 암시도 주지 않는다. 그 공의회는 예수의 정체에 대해 신약성서의 자료 등 다른 말로 재정식화하였을 뿐 아니라 또한 널리 알려진 그리스의 철학적 사상에 비추어서 그것을 재개념화한 것이다. 그리고 그 재개념화와 재정식화는 신약성서 자료를 완전히 넘어서 있다.

메시아 혹은 그리스도, 인자, 하느님의 아들, 주님 등의 호칭에 대해 무엇이라고 말해야 하는가?

이러한 예수의 호칭은 예수 및 하느님의 구원계획 안에서의 그의 역할에 관한 신약성서 내의 그리스도론을 알기 위한 중요한 자료이다. 그 대부분은(그리스도 부활 후의) 그리스도교 신앙에서 나온 것이고 그리스도에 대한 초기 그리스도인의 신앙고백을 나타내고 있다. 초기 그리스도인이 이러한 호칭을 사용하고 있었다는 사실은 의심의 여지가 없지만 문제는 그것들이 어떻게 해서 생겼느냐는 것이다.

그러한 호칭에 관련해서 세 가지 문제가 제기될 수 있다. 첫째는 그러한 호칭의 기원 또는 배경은 무엇인지, 둘째는 그 의미가 무엇인지, 셋째는 그것이 예수의 생애의 어느 단계에서 사용되기 시작했는지 하는 것이다. 왜냐하면 위에 말한 호칭의 어떤 것은 부활 후의 시대에 생긴 것이면서도 예수의 선교시대, 또는 다시 유년시대까지 거슬러올라가서 적용되고 있기 때문이다. 여기서 그 호칭 하나하나에 대해서 자세하게 검토할 여유는 없지만 각각에 대해서 간단히 설명하겠다. "인자"(사람의 아들)를 제외하면 지상에 계셨던 예수께서 자신에 대해서 이러한 호칭을 사용했다는 자취는 전혀 없는 것이다.

a. "메시아"(또는 "그리스도")는 구약성서 및 그리스도교 이전의 팔레스틴 유다교에서 생긴 호칭이고 하느님이 그 백성의 행복 또는 구원을 위해 파견한 **기름 부음을 받은 자**를 의미한다. 이 호칭은 구약성서에서 역사적으로 다윗의 왕좌에 오른 왕들에게 사용되었는데, 여기에는 그 왕들이 다윗 왕조의 계승자라는 것을 부각시키려는 정치적 의도가 담겨 있다(시편 18,51; 89,39.52; 132,10.17 참조). 그후 왕조가 끊긴 바빌론 유배시대 및 그에 이어지는 시대에는 그 호칭이 대사제에

사용되었다(레위 4,3,5). 그러나 유다교 안에서 메시아 대망(待望)의 사상이 분명한 형태로 일어났을 때 **오셔야 할 메시아**라는 표현이 다니 9,25(다니엘의 마지막 편집 기원전 165년경)에 처음으로 나타났다. 그리고 거의 같은 무렵, 쿰란 교단도 "이스라엘의 메시아" 또는 "아론의 메시아"에 대해 이야기하기 시작하고(1QS 9,11), 그 칭호를 이스라엘의 예언자들에게도 적용하게 된다.

신약성서 안에서 "메시아"가 예수의 호칭으로서 사용되는 경우를 보면 공관복음서 전승의 소위 Q 자료에는 그것이 보이지 않는다. 마르코 복음서에서는 세 곳에 사용되고 있는데, 그것은 아마 그리스도 부활 후 초대교회의 사상이 반영된 것이겠다(9,41; 13,21; 15,32). 이 호칭은 또 같은 복음서에서 다른 세 대목(8,29; 12,35; 14,61-62)에 쓰여졌는데 그들의 신빙성이 논의의 표적이 되어 있다. 예수가 "그리스도"(또는 "메시아")라는 베드로의 신앙고백은 마르코 복음서 안에 사용된 세 개의 예 가운데 최초의 것(8,29)인데, 여기서 예수와 제자들과의 관계, 그리고 예수가 누구인지에 대한 마르코 복음서의 진술의 문학상의 전환점을 형성한다.

그것이 정말로 베드로가 역사적으로 선교활동중의 예수를 두고 인지한 것을 의미하고 있는 것일까? 나에게는 그렇게 생각된다. 시간의 경과와 함께 메시아 사상의 형태로 굳어졌다고 생각되는 베드로의 인식은, 부분적으로나마 여기에 담겨 있는 것으로 생각된다(요한 6,67-69의 요한 전승 안에서 제시되어 있는 베드로의 신앙고백의 형태를 상기하자).

이러한 긍정적인 추측을 뒷받침하는 것은 예수께서 분명히 베드로를 꾸짖으셨다는 사실이다(마태 16,17-19에서 말이 다소 바꾸어지고 루가 9,20-21에서는 표현이 부드러워졌다). 그러나 설령 베드로가 실제로 필립보의 가이사리아에서 예수를 "메시아"라고 인지했다 해도 그때의 **메시아**라는 말은 부활 후의 그리스도인에 의해 사용된 의미와는 다른 것이라고 봐야 한다. 적어도 예수의 베드로에 대한 꾸짖음은 당시 그 호칭에 포함되어 있던 정치적인 뉘앙스를 부정하는 것이었다(제9문 참조).

또 한편, 마르 14,62를 보면 의회 앞에서 심문하는 과정에 대제관들의 "너는 메시아인가?"라는 질문에 대해서 긍정적으로 대답하고 있는 예수가 묘사되어 있다. 그러나 마르코가 표현하고 있는 그와같이 공공연하게 발설된 긍정적인 대답에는 마태 26.64 및 루가 22.67-70의 병행 기사가 있는데 거기서는 반만 긍정적이든가 긍정도 부정도 취할 수 있는 애매한 표현으로 되어 있다. 마태오와 루가 양 복음서의 병행 기사는 예수가 실제로 어떻게 대답했느냐에 대해 의문을 일으킨다. 그리고 수난설화의 일부를 형성하는 이 대목에는 마르코의 편집자로서의 관심과 그 필적이 남아 있다. 그러므로 예수 자신(당신)의 메시아로서의 의식에 대한 판단 자료는 불충분하다.

바울로가 그의 서신을 쓸 무렵에는 "그리스도"라는 말은 이미 고유명사로서 사용되고, 로마 9.5를 제외하면 바울로도 그렇게 사용하고 있다. 그것은 이 호칭이 가장 오래 그리고 제일 많이 사용되고 있었음을 나타내고 있다. 빌라도가 예수의 십자가에 붙여놓은 "유다인의 왕"이라는 말(마르 15.26; 마태 27.37; 루가 23.38; 요한 19.19에서는 말이 다소 틀린 것에 주의)이 "메시아"라는 호칭을 하느님께 선택되어 세상에 보내서 십자가에 달리게 된 것을 나타내는 데 사용하도록 촉매 역할을 하였다고 생각된다. "하느님께서는 그분을, 곧 여러분이 십자가형에 처한 이 예수를 주님과 그리스도로 삼으셨습니다"라고 하는 루가 이전 또는 바울로 이전의 전승에 근거한 이 사도 2.36의 말은 부활 후의 예수가 그와같이 불리게 된 것을 시사하고 있다.

·예수가 **메시아**라고 하는 초기 그리스도교의 이해를 나타내는 다른 기록이 사도 3.20-22에 있다. 거기서는 "주님은 여러분을 위해서 미리 정해주신 그리스도, 곧 예수를 보내실 것입니다. 하늘은 만물이 복원될 때까지 예수를 모셔야 합니다. 이는 하느님께서 영원으로부터 당신의 거룩한 예언자들의 입을 빌려 말씀하신 바입니다"라고 하면서 하느님이 장차 다시 메시아를 보내실 것을 진술하고 있다. 신약성서 중 가장 오랜 그리스도론이라고 불리고 있는 이 절은 예수가 메시아라는 것을 예수의 부활에 의해서가 아니라 그 재림과 결부시켜 설명하고 있다. 여기서는 또 "메시아"로서 재림하는 것이 기대되는 것이 된다. 그것은 있을 수 없는 것이 아니다. 그것은 이따금 행해졌다고 생각되는 그리스도의 존재에 대한 후기 단계에서의 호칭을 그 초기 단계로 거슬러올라가서 사

용했다고 하는 그 역투입 과정을 더 명료하게 이해시켜 준다. 그것은 또한 재
림 예수를 "메시아"라고 믿는 준準 케리그마적 그리스도론의 흔적인지도 모른
다. 그 신앙은 초기 그리스도 교회의 일부에 퍼졌으나 부활한 그리스도를 메시
아라고 간주하는 케리그마의 선언만큼 사람들의 마음을 사로잡고 영향을 미치
는 것은 없었다.

　이상은 **메시아**로서의 그리스도에 대해서 초기 그리스도인이 품고 있던 다른
이해방식을 반영하고 있으며, 또 호칭이 주로 그리스도의 부활 후에 많이 사용
되기 시작했다는 것을 나타내고 있다.

b. "하느님의 아들" 및 "주님"이라는 호칭은 팔레스틴 유다인 사이에서 시작된
것일 뿐 아니라 그리스도 부활 직후 시대에 그리스도에 대해 사용된 신앙고백
적 호칭의 전형적인 예이다. 확실히 "하느님의 아들"(divi filius), "주님"(Kyrios)이
라는 말은 당시 그리스-로마 세계에서 로마 황제, 또는 이교의 신들에 대해서
사용된 호칭이어서 신약성서의 예를 들면 1고린 8,5 그리고 사도 25,26 등의
여러 절에 그것이 쉽사리 반영되어 있는지도 모른다. 그러나 그것이 신약성서
안에서 예수에 대해서 사용되어 있는 "하느님의 아들", "주님"이라는 명칭의
유일한 기원이라고 말할 수는 없다.

c. "하느님의 아들"이라는 호칭이 그리스도 이전의 팔레스틴 유다교에서 아람
어를 말하는 사람들 사이에서 사용되었고 또 "주님"이라는 절대적 용법이 야훼
를 가리키기 위해 사용된 것을 나타내는 증거가 발견되어 있다[J. A. Fitzmyer 논문
"The Contribution of Qumran Aramaic to the Study of the New Testament", *NTS* 20 (1973-1974) 382-
407, 특히 pp.386-94; *A Wandering Aramean*에 증쇄된 *Collected Aramaic Essays* (SBLMS 25: Missoula,
MT: Scholars, 1979) 85-113, 특히 pp.87-94 참조. M. Hengel, *The Son of God* (Philadelphia: Fortress,
1976) 대조). 그러므로 이러한 호칭은 케리그마가 형성되면서 즉시 나타날 수밖에
없었던 것이다. 그런데 이러한 호칭들이, 종종 언급되어 온 것처럼 팔레스틴에
서 동東 지중해의 그리스-로마 세계로 복음이 전파되면서 실행되었던 선교활동

의 산물로 생겨난 것으로만 볼 수는 없다.

이러한 그리스도 부활 후의 호칭은 복음서 중에 부활 이전에 관한 기사(예를 들면 마태 16,16b; 루가 1,32.35; 2,11; 12,42 등)에도 나타나지만, 그것은 복음서 기자들이 그리스도 부활 후 또는 그들 자신의 시대에 예수께 사용되고 있던 호칭을 시대를 소급해서 지상의 예수에게 적용한 것이라고 생각해야 할 것이다(제14문 g "살아 계신 하느님의 아들"에 대한 논고를 참조).

d. 오늘날 가장 크게 쟁점에 올라 있는 것은 "사람의 아들"(인자)이라고 하는 호칭이다. 그것은 거의 예수가 자신의 입으로 직접 발설한 것으로 씌어져 있는데 사도 7,56(스데파노), 요한 12,34(군중), 마르 2,10 이하(복음 기자) 등과 같이 다른 사람이 예수에 대해서 사용하고 있는 경우도 있다(단, 이 경우는 그것이 원래는 그리스도의 말이라는 것을 나타내기 위해 많은 주석자는 파격 구문 등의 편법을 사용하고 있다).

이상과 같이 "사람의 아들"(인자)이라는 표현이 빈번히 나타나는 데서 예수가 과연 *bar 'enāš* 또는 *bar 'enāšā'*라는 말을 선교중에 간접적으로 당신을 나타내기 위해 실제로 사용했고 이 호칭이 복음서 저자에 의해서 나중에 문장에 받아들여졌다고 볼 수 있는가 하는 의문이 일어난다. 이런 의문을 가지는 게 당연한 것이, 다른 복음서의 병행 구절에는 그런 표현이 없는 경우도 있기 때문이다["사람들이 나를 누구라고 합니까?"(마르 8,27c)에 대해서 "사람들이 인자를 누구라고 합니까?"(마태 16,13). 그리고 마찬가지로 루가 6,22; 마태 5,11도 비교하라].

"인자"(사람의 아들)라는 칭호는 요한 복음서와 공관복음서 양쪽의 전승에 (다른 뉘앙스로) 사용되고 있으나, 신앙고백적 호칭이었던 흔적은 없다. 그 표현은 요한 묵시록을 제외하면 신약성서의 다른 작품들의 그리스도론에서는 쓰이지 않는다. 아무리 보아도 어색한 그 그리스어의 표현 *ho huios tou anthrōpou*(문자 그대로 직역하면, "그 사람의 아들")는 어떻게 생각해도 그리스적 배경에서 생겼다고는 생각할 수 없다. 때로는 *huios anthrōpou*라는 식으로 정관사 없이도 사용되고(요한 5,27), 그리고 셈족어계의 구문과 비슷한 데서 *bar 'enāš*의 역어라고 생각된다. 그러나 그것이 무엇을 의미했느냐는 점에는 의견이 크게 갈라진다.

그것은 그리스도교 이전의 팔레스틴 유다교에서 기다리고 바라고 있던 묵시적 인물에 사용된 호칭이었는가? 아니면 단지 "인간"(일반적인 의미의 경우) 또는 "누군가"(부정의 사람에게 사용된 경우) 또는 "나"라든가 "그"라든가 하는 대명사의 호칭과는 관계없는 별칭에서 생긴 것일까? 기다리고 바라고 있던 인물, 또는 묵시적인 인물의 호칭으로서 "인자"가 사용되고 있는 예를 아람어에는 보이지 않는다. 그 말은 다니 7.13에 있는데 이스라엘의 "신도"(성도) 전체를 가리키는 말로 사용되고 있다. 그 말이 호칭으로서 에녹*Enoch* 문학에 사용되고 있다는 설도 논의의 표적이 되어 있다. 신약성서의 몇 개의 대목에서 "인자"가 "나"라는 말 대신 사용되고 있는 것(앞에서 말한)에서 그 말이 대명사적인 표현이 아니냐는 의문도 나왔다. 그외에 같은 용법이 후세(적어도 300년 이후)의 아람어의 문장의 어떤 부분에 나타나기는 하지만 그리스도 시대의 아람어 문헌에는 아직 발견되지 않았다. 나의 생각으로는 신약성서에서 "인자"가 예수의 호칭으로 사용되고 있는 것은 초기 그리스도인 사이에 전해지고 있던 예수의 말씀 안에서 예수가 "인자"라는 표현을 호칭이라든가 대용의 의미와 무관하게 당신 자신을 표현하는데 단순히 "어떤 사람"이라는 의미로 사용한 것이라고 생각된다. 그런데 구전口傳 단계의 복음서 전승 안에서 호칭으로서의 의미가 주어지고 그와 같은 사정 안에서 어색한 그리스어 표현으로 후세에 전해진 것이라 생각된다. 신약성서 중에 나타나는 그 말의 의미는 각 대목에서 개별적으로 검토되어야 한다.

마지막으로 "인자"라는 호칭은 공관복음서에서는 주로 세 가지 형태로 사용되고 있다. 첫째는 겸손하게 내려간 지상 상태에 있는 예수에 대해서이며(마태 8.20: 루가 9.58), 둘째는 예수의 수난과 관련해서 사용되고(Q 자료에 빠져 있으나 마르 8.31: 9.31: 10.33에는 나타난다), 그리고 셋째는 영광중에 또는 심판을 위해 재림하는 그리스도에 대해 사용되고 있다(Q 자료. 마태 24.27: 루가 17.24: 마르 8.38: 13.26). 인자에 관한 이런 세 가지 의미는 모두 복음서 전승에 전해져 있지만 그들의 진정한 관계를 확인하는 것은 어려운 것이다. 나의 생각으로는 예수가 자신 이외의 누군가를 기다리고 바라면서 그 인물을 가리키기 위해서 그 호칭을 사용했다는 것은 앞에서 말한 이유에 의해서 전혀 생각할 수 없는 것이다.

부활 후 예수는 처음부터 명백히 아버지 하느님과 동등한 하느님의 아들이었다고 선포되었는가?

a. 신약성서 안에서 예수에게 **"아들"**이라는 칭호가 처음 사용된 것은 일반적으로 초기 바울로 케리그마의 단편으로 간주되는 그의 최초의 서신인 데살로니카인들에게 보낸 첫째 편지 1장 10절, **"그분이 죽은 이들 가운데서 일으키신 당신의 아들, 우리를 장차 닥쳐올 진노로부터 건져주시는 예수께서 하늘로부터 오실 것을 어떻게 고대하게 되었는가도 그들은 전하고 있다"**라는 대목이다.

그리고 같은 단편(로마 1,3-4)에는 **"하느님의 아들"**이라는 말이 두 번 나온다. 처음의 **"하느님의 아들"**은 아마 바울로 자신이 한 말로 선재하시는Pre-existent 예수를 가리키는 데 반해, 두번째 **"하느님의 아들"**은 초기 바울로적 용법을 나타내는 것이며 예수가 죽은 자들 가운데서 부활하여 **"권능을 지닌 하느님의 아들"**로 세워졌음을 가리킨다. 이밖에도 바울로 서신 안에 예수를 하느님의 "아들"로 언급하는 대목이 몇 군데 더 있다(예를 들면, 갈라 1,16; 4,6; 1고린 15,28; 로마 8,32). 신약성서의 후기 문서에도 이 호칭이 계속 사용되었다. 그러나 바울로의 언급은 이 호칭을 통해 예수와 야훼와의 관계를 그리스도인들이 이해하는 데 그리 긴 기간이 필요치 않았음을 시사해 준다. 헹겔M. Hengel(제22문 c, 위에서 인용한 책에서)은 이러한(하느님의 아들) 신앙이 30년에서 50년 사이에 생긴 것임을 주장하고 있다.

b. 그러면 이 아들이라는 칭호는 "처음부터 명백히" 예수를 가리키기 위해 사용되었을까? 이것은 어려운 문제이다. 사도행전에 나오는 사도들의 초기 설교 중에 일부는 원초적 케리그마를 반영하는 것으로 보인다. 일반적으로 받아들여

지는 견해는 아니지만 신약성서 해석학자들조차 "아들"이라는 호칭이 이 초기
의 가르침과는 아무런 관계가 없다고 주장할 수는 없을 것이다. 사도행전의 처
음 몇 장에는 예수에 대한 칭호가 많이 나온다(제17문 c 참조). 그 가운데 몇 개는
루가 이전부터 사용되던 것인데 "아들"은 바울로의 설교 이외에는 나타나지 않
는다(사도 9,20; 13,33. 후자는 시편 2,7에서의 인용에 나타나고 부활 후의 그리스도를 가리키고 있다).

c. "아들"이라는 칭호가 일찍부터 예수에게 사용되었다고 주장하는 사람이 있
을지도 모른다. 그러나 그것이 "아버지와 동등"하다는 의미로 사용되었다고는
단언할 수 없다. 보통 "**아들**"이라는 말 자체는 아버지에 대한 종속관계를 의미
하고 있다. 그러나 예수는 "**아빠**"(아버지)는 아니었다. 신약성서 안에서 예수가
"**아빠**"라고 말할 때 결코 자신을 아버지와 동일시하지 않았다(제17문 참조. 단, 요한
10,30에서는 "**나와 아버지는 하나입니다**"라고 주장하고 있다). 그러나 1고린 15,25-28에서는
"**아드님 자신**"도 하느님께 종속되어 있음을 말하고 있다(히브 1,2-8 참조).

　아울러 성서가 팔레스틴 유다교에서 야훼의 칭호로 사용되던 "**주님**"(*Kyrios*)이
라는 호칭을 예수에게 사용할 때(시편 114,7 11QtgJob 24,7; 1QapGen 20,12-13; 4QEnoch^b 1
iv 5; Josephus, *Ant.* 20.4,2 §90; 13.3,1 §68 참조), 그것은 예수가 어떤 의미에서는 야훼와
동일선상에 있다는 것을 의미하는 것이다. 그러나 예수를 야훼와 동일시하거나
완전히 동등하게 다루지 않는다(*Gleichsetzung*, not *Identifizierung!*).

d. 필립 2,6에 있는 전 바울로적 찬미가에서 예수를 "하느님과 동등"하다고 하
는데 그것을 어떻게 이해해야 하는가에 대해서는 의견이 분분하다. 즉, 예수가
본래 "**하느님과 동등**"하셨으나 오히려 자신을 비우(*kenōsis*)셨는지 여부, 예수가
그와 같은 자격을 본래부터 가지고 있지도 않았고 얻으려 하지도 않았는지 여
부이다. 그러나 그것은 신약성서의 이와 같은 애매한 표현 때문이고, 그후 예
수와 하느님과의 관계를 더욱 명확한 형태로 개념화하고 정식화하는 풍조가 생
겨나서 오늘날의 우리들이 알고 있는 그리스도론·삼위일체론이 교부시대를 통
해서 형태를 갖추게 되었다. 만일 이러한 신약성서의 애매한 기술이 없었다면

그리스도인이 삼위일체 교리의 다른 세 위격이라는 개념에 과연 도달할 수 있었을까? 그러나 동시에 주목해야 할 점은, 위에서 말한 필립비인들에게 보낸 편지의 찬미가 안에서 하느님께서 예수에게 어느 이름보다도 빼어난 이름(주. 주님)을 내리시고 천상·천하·지하계 모두가 무릎을 꿇고 예수를 우러러 받든다(이사 45.23에서 야훼를 찬양하는 말과 같은 표현을 사용하고 있다)는 말이 나타난다는 사실이다.

e. 예수에 대한 **"아들"**이라는 개념은 요한 전승에도 나타난다. 그것은 거의 분명히 요한 복음서를 최종적으로 편집한 사람(들)이 덧붙인 것만은 아니다. 그러나 이 복음서의 **"아들"**이라는 말의 사용법에는 분명히 요한 특유의 색채가 있다. 그때문에 이 칭호가 **"처음부터"** 예수에게 사용된 것이라고 단정하기를 주저하게 된다. 예수와 아버지 하느님의 일체성—體性이 여러 가지 형태로 표현되고 있는데(요한 10.30.38: 17.5.21), 그것은 첫째로(그리스도의 인성을 강조하는) 기능적인 그리스도론으로 이해해야 한다.

그러나 동시에 같은 복음서에 나타나는 그리스도인의 반성과 명상은 후대에 명확한 존재론적 그리스도론(즉, 그리스도 및 그리스도와 아버지 하느님과의 관계의 본질적 성격에 대한 믿음)이 점진적으로 발전하는 데 있어서 중심적인 요인이 되기도 한 것이다.

예수가 세상의 구속자였다는 사실을
어떤 뜻으로 이해할 수 있을까?

이 문제는 신약성서의 입장에서는 두 가지로 이해될 수 있다.

a. 그것은 속죄의 전 우주적인 면에 대해서 언급할 수 있다. 신약성서에 나타나는 **코스모스**_kosmos_라는 말은 "질서 있는 세상"을 의미할 수 있다(요한 17,5: 루가 11,50: 사도 17,24: 1고린 8,4). 바울로는 "그리스도의 사건"이 가져온 결과가 크고 그 영향은 인간만이 아니라 모든 생명이 없는 피조물에까지 미치고 있다고 간주한다. 로마 11,15에서 바울로는 "세계와 하느님과의 화해"에 대해 언급하고 있다(하느님의 구원계획 안의 이스라엘 민족의 지위와 역할에 대해서 진술하고 있는 이 여러 대목 안에서는 그 말에 대해서 그 이상 아무런 설명은 더하고 있지 않다). 또는 2고린 5,19 "과연 하느님은 그리스도 안에서 세상을 당신과 화해하게 하시고" 하는 바울로의 말이 여기서도 반영되고 있는 것인지도 모른다.

바울로는 이 두 대목에서도 **그리스도의 사건**이 인간뿐만 아니라 창조된 우주 전체에 영향을 미치고 있다고 생각한 것으로 보인다. 이 사실은 로마 8,19-20에서 바울로가 언급한 하느님의 출현을 "애타게 기다리고 있는" 물질적인 "피조물"(_ktisis_)과 속으로 신음하면서 "자신들의 몸의 속량"을 기다리고 있는 그리스도인들을 연관하여 살펴보면 알 수 있다. 그리스도의 속죄의 우주적 측면에 관해 이 이상 논하기는 어렵다. 그러나 오늘날 생태학적인 문제가 계속 논의되고 인간의 탐욕과 다른 생물에 대한 배려의 결핍, 낭비에서 하느님이 만들어주신 좋은 세계에 어떤 일을 해왔는지에 대해 반성할 때 바울로의 말은 특별한 의미를 가지고 있다. 환경보존이라는 것은 현대 공업기술 사회의 산물이다. 하지만 바울로도 또한 소위 근대적 진보의 영향이 없었다고 해도 그가 산 세계에서 지금 우리가 요구하고 있는 것과 똑같은 필요성을 느꼈는지도 모른다.

b. 예수가 세상의 구속자라고 하는 경우 또 하나의 해석은 그 속죄가 인간 세상을 대신한 것으로 **"그리스도의 사건"**의 영향이 온 인류에 미친다고 하는 생각이다. 바울로는 온 인류가 죄를 범했다고 한다. 로마 3,23-24에서 그는 "실상 모든 이가 범죄하였고 그래서 하느님의 영광을 빼앗겼으나 그리스도 예수 안에 (이루어진) 속량을 통하여 그분의 은총으로 거저 의롭게 되었습니다"라고 모든 인간을 고발하고 있다. 그때 바울로는 "실상 헬라인들과 마찬가지로 유다인들도 모두 죄 아래 있다"고 말하고 있는 바와같이 복음서의 세상 밖의 유다인과 그리스인까지도 포함해서 생각하고 있던 것이다.

그리스도교의 신학자들은 예를 들면 1디모 2,4-5(그분은 "모든 사람이 구원을 받고 진리의 깨달음에 도달하기를 원하십니다. 과연 하느님은 한 분뿐이시고, 하느님과 인간 사이의 중개자도 한 분뿐이시니, 곧 인간 그리스도 예수이십니다. 그분도 당신 자신을 모든 이를 위한 대속물로 내주셨습니다") 등 신약성서의 다른 대목도 참조하여 예수의 역할이 이 세상, 즉 인간 세상을 속량하는 데 있었다는 올바른 결론에 아무런 어려움 없이 도달한 것이다. 이상이 이 속죄의 문제에 관한 수많은 신약성서의 자료가 일치해서 지적하고 있는 것이다. 게다가 구원의 "보편성"을 설명하는 루가의 저작과 **세상의 구원**을 강조하는 요한 전승(4,42; 12,47)도 상기하여 주기 바란다.

c. 그러면 이러한 신약성서의 자료는 그리스도교의 영향을 받지 않는 문화권에 속한 사람들의 구원에는 어떤 의미가 있는 것일까? 그 문제는 오히려 조직신학자에게 돌려야 할 것이다. 그것은 신약성서의 범위 밖의 것이기 때문이다. "내게는 이 우리에 들어 있지 않은 양들도 있습니다"(요한 10,16)라는 말조차도 비그리스도인에게 적용했을 때 문제를 야기한다. 왜냐하면 그 말은 요한 복음서 안의 "위로부터의" 그리스도론과 **폐쇄적**인 교회관에 근거한 "그리스도의 사건"에 대한 견해를 수용하지 않는 그리스도인을 언급할 가능성이 있기 때문이다[R. E. Brown, *The Community of the Beloved Disciple* 참조(제12문 참조)].

d. 이것과 관련해서 그리스도교 신학자가 반드시 해결해야 할 문제는 유다인의 구원 문제이다. 그리스도교의 사상가들은 만족할 만한 "이스라엘의 신학"을 지금까지 개발하지 않았다. 그 문제란 그리스도인이 성서라고 부르는 것의 3분의 2에 해당하는 부분(구약성서)에서 자신들의 신앙을 위한 양식과 영양을 얻으면서 나머지 3분의 1에 해당하는 부분(신약성서)과 그것이 전하는 인물을 받아들이지 않는 일단의 사람들이 모세의 율법, 예언자, 제서諸書를 따르는 것만으로 그리스도인이 "세상의 구속자"라고 부르는 인물을 받아들이지 않을 때도 계속해서 하느님의 구원에 참여할 수 있느냐는 것이다. 그 문제는 그리스도교 사상의 배태기에 쓰어진 로마인에게 보낸 편지 9-11장에서 짧기는 하지만 확실히 언급되어 있는데 그것은 과거 19세기 동안 하느님의 구원계획 안에서 그리스도교와 병존해 온 유다교의 존재를 충분히 설명하는 데 만족한 해답은 아니다. 뿐만 아니라 바울로 자신도 "온 이스라엘도 구원받게 되리라"(로마 11.26)는 것을 인정하였다. 그러나 그는 어떻게 구원받게 되는지는 말하지 않는다. 그래서 그의 진술의 의미가 논의된 것이다. 어떤 사람은 바울로가 로마 10.17 이후부터 그리스도를 언급하지 않았기 때문에 그는 이스라엘은 하느님(야훼)에 의해 구원되겠지만 "그리스도를 통해서"는 아니라고 주장할 것이다. 그러면 그 "구조자"는 인용한 구절(이사 59.20)에서와 같이 구약성서의 하느님이실 것이다(이것은 소위 11.26에 대한 신학자다운 해석이다). 또 다른 사람들은 바울로는 두 가지 다른 구원 양식, 즉 하나는 유다인을 위한, 또 하나는 그리스인을 위한 양식을 생각한 것이 아니라 모든 사람이 "그리스도를 통해" 구원을 얻게 된다는 것을 완강하게 주장한다(이것은 그 구절에 대한 소위 그리스도론적 해석이다). 정확한 의미가 어느 것이든 그것은 세상의 구속자로서의 예수의 생각과 관계가 있다.

교회는 예수가 세웠는가?

a. 신약성서에서 "교회"는 바울로의 초기 문서에 이미 알려진 실재이다(예를 들면, 1데살 1.1; 2.14; 갈라 1.2.13.22; 1고린 1.2; 4.17; 6.4; 7.17; 10.32). 바울로 서신에 있는 *hē ekklēsia*라는 말은 어떤 지역에 있는 **지역교회**를 의미하지만 머지않아 그 말은 또한 초월적 의미에서, 즉 특정 지역 또는 지리적 경계를 넘어선 **"교회"**를 의미하게 되었다. 그리고 신약성서의 나중 문서들(사도 5.11; 8.1.3; 9.31; 11.22 등; 히브 2.12; 12.23; 야고 5.14; 3요한 6.9.10; 묵시 1.4.11.20; 2.1.7.8.12.18.23; 3.1.7.14; 22.16)에 있어서도 마찬가지이다. 그러나 중요하게 마르코, 루가 또는 요한 복음서나 다양한 다른 신약성서 문서(디모테오 후서, 베드로 1.2서, 그리고 요한 1.2서)에서는 지역적인 뜻에서든 초월적인 뜻에서든 "교회"에 대한 언급이 없다. 그리고 로마서에는 그 말이 16장(1.4.5.16.23절)에만 나타나고 그것도 지역적 교회라는 뜻에서만이다. 그것을 언급한 유일한 복음서는 마태오 복음서(16.18; 18.17)인데 다른 정경 복음서에는 그것과 유사한 것이 없다. 그리고 이러한 자료는 문제를 일으키고 또 어려운 문제가 생기게 한다.

b. 예수에게 따르는 사람들이 있었다는 것은 모든 복음서(마르 1.18; 2.15; 6.1; 마태 4.20; 루가 5.11.28; 요한 1.37.40)에서 분명히 드러난다. 그뿐 아니라 예수는 종종 자신을 따르는 사람들을 초대하거나 불러모았다(마르 1.17; 2.14; 마태 4.19; 9.9; 10.1; 루가 6.12; 요한 1.39). 이러한 초대나 소환은 예수운동의 중요한 시작이었다. 머지않아 따르는 사람들, 즉 예수의 가르침을 받은 사람들을 **"제자들"**이라고 부르게 되었고(마르 2.15-16.23; 3.7-9; 마태 5.1; 10.1; 루가 6.13; 9.1; 요한 2.2) 그리고 "사도들"이라고도 부르게 되었는데, 그들은 예수가 자신의 임무를 수행하도록 보낸 사람들이다(마르 6.30(유일한 언급), 마태 10.2(유일한 언급), 루가 6.13("당신 제자들을 부르시고 그 중에서 열둘을 뽑

아 사도라고 이름 지으셨다"): 9,10; 22,14(*Apostolos*는 일반적 의미로 요한 13,16에 나타나고 예수 자신에 대해 사용되었다]. 그래서 따르는 사람들 내지는 제자들에 대한 이러한 초대와 예수의 이름으로 설교하도록 그들에게 위탁된 임무는 신약성서에서 예수의 선교의 핵심으로서 묘사되어 있다. 그것은 바울로가 언젠가는 의식적으로 수행하게 될 사도직의 토대이다. 예수가 죽어 매장된 다음에 이런 따르는 사람들이 계속해서 예수에 대한 충성을 나타냈다[사도 1,2.13-14.15(여기서 그들은 **형제들**이라고 불리었다); 요한 20,19; 21,14 대조]. 그리고 부활한 그리스도는 그들에게 당신 사업을 계속하도록 성령을 쏟아주시자 곧 그들은 나가서 예수의 이름으로 설교하였다.

c. 신약성서에서 볼 때 이러한 따르는 사람들/제자들/사도들이 처음에는 자신들을 "교회"로 알지 못했다는 것이 분명하다. 그뿐 아니라 사도행전에 있는 그들에 대한 가장 원시적인 언급들은 그들을 단순히 "형제들" 또는 집합적으로 "친교"(*hē koinōnia*, 2,42), "길"(*hē hodos*, 9,2; 19,9.23; 22,4; 24,14.22)로 기술하고 있다. 루가의 이야기에 "교회"라는 명칭이 나타난다(사도 8,1.3). 그러나 그것은 처음에는 형제들 또는 제자들의 지역적 모임을 가리켰다(예루살렘에 있는 5,11; 11,22; 그밖의 곳에 있는 11,26; 14,23). 시간이 지나면서 지역적 경계를 넘어선 것으로서의 교회(*ek-klēsia*)에 대한 의식도 나타난다(15,22). 또 바울로의 초기 서신에 기록된 "하느님의 교회(들)"(1데살 2,14; 갈라 1,13)는 보편교회를 가리키는 것으로 반드시 이해해야 한다는 것은 아니다. 종종 예루살렘이나 유데아의 원공동체들(1데살 2,14; 2고린 1,1)을 가리키기도 하고 보편교회로서의 교회*ekklēsia*를 가리키기도 하기 때문이다(1고린 6,4; 10,32). 그것은 특히 그리스도 교회의 단일성을 가르치는 편지인 에페소인들에게 보낸 편지에도 "하나의 교회"*mia ekklēsia*라고 말한 바 없지만 제2 바울로 서신인 골로 1,18.24; 에페 1,22; 3,10.21에서 분명히 발견된다.

d. 오직 마태 16,18에서만 "교회"를 "세우신" 예수에 대한 언급이 있다. 즉, **"그대는 베드로(바위)입니다. 나는 이 반석 위에 내 교회를 세울 터인데"** 라고 베드로의 고백장면(마태 16,13-19)은 앞서 나온 마르 8,27-30과 루가 복음서

에도 그 유례가 있지만 이들 두 복음서에는 예수가 교회를 세운 데 대한 언급이 없다. 뿐더러 요한 6,67-69에 있는 베드로의 고백장면과 동떨어진 유사물에도 이러한 세움에 대한 언급이 없다. 따라서 예수의 이러한 활동에 대한 복음서의 증거는 유동적인 것이다.

e. 오늘날 마태 16,16b-19는 복음서 전승에서 부활한 그리스도의 부활 후 출현에서 유래했음직한 에피소드로서 뒤로 빠져나간 변형이라고 알려져 있다(제14문 참조). 요한 21,15-17을 참조해 보면 이 부분은 예수와 시몬 베드로의 대화를 위한 부활 후의 환경(정황)을 제공하는 것으로 볼 수 있다. 또한 여기에 "교회"는 언급되어 있지 않지만 이것은 분명 교회의 설립이다. 그러나 그리스도의 "양떼" 안에서의 베드로의 역할(사도 20,28 참조)이 마태 16,16-19에 있는 것과 다소 유사하게 똑똑히 설명되어 있다. 그러므로 마태오가 부활 전에 있었던 장면으로 처리한 마태 16,16-19는 "내 어린양들/양들을 먹여 기르라"는 사건에 대한 공관복음서의 해석이다.

f. 마태오의 필립보의 가이사리아 에피소드의 이러한 분석은 예수가 "교회"를 세웠다는 사실을 부인하지 않지만, 그것은 오히려 예수의 제자들이 "양떼" 또는 "교회"로서 가지고 있던 의식이 33년과 80년에서 90년 사이의 몇 십 년의 과정에서 개발된 무언가라는 것을 드러내고 있다. 이때에 마태오와 요한 복음서가 만들어진 것이다. 다시 말해서 마태오는 뒤늦게 예수를 메시아(*Christos*)라고 한 베드로의 고백의 진정한 의미와 그 고백에 대한 예수의 반응을 깊이 숙고해서 해석하였다. 그래서 마태오는 베드로에게 그 "교회"(= "양떼")에서의 특별한 역할을 주는 지상의 예수를 묘사했다. 따라서 예수가 당신을 따르도록 초대한 제자들과 당신의 임무를 나누도록 보낸 사도들이 때가 되자 그가 "세운" "교회"가 된 것이다. 이리하여 지상에서 선교중에 있던 예수 자신은 그가 시작한 운동이 어떻게 발전할지 또는 그 구조의 면밀한 계획에 대한 자세한 지식이 없었을지 모르지만 "교회"는 유기적 생성물 또는 예수운동의 지속인 것이다.

참고 문헌

Achtemeier, P. J., *The Inspiration of Scripture: Problems and Proposals* (Philadelphia, PA: Westminster, 1980).

Brown, R. E., *The Critical Meaning of the Bible* (New York, NY: Paulist, 1981).

——, *Jesus God and Man: Modern Biblical Reflections* (Milwaukee, WI: Bruce, 1967).

——, "'Who Do Men Say That I Am?' – A Survey of Modern Scholarship on Gospel Christology", *Biblical Reflections on Crises Facing the Church* (New York, NY: Paulist, 1975) 20-37.

Conzelmann, H., *Jesus* (Philadelphia, PA: Fortress, 1978).

Dunn, J. D. G., *Christology in the Making: A New Testament Inquiry into the Origins of the Doctrine of the Incarnation* (Philadelphia, PA: Westminster, 1980).

——, *The Evidence of Jesus* (Philadelphia, PA: Westminster, 1985).

Fuller, R. H. and P. Perkins, *Who Is This Christ? Gospel Christology and Contemporary Faith* (Philadelphia, PA: Fortress, 1983).

International Theological Commission, *Select Questions on Christology: September 1980* (Washington, D.C.: United States Catholic Conference, 1980).

Johnson, E. A., *Consider Jesus: Waves of Renewal in Christology* (New York, NY: Crossroad, 1990).

Kingsbury, J. D., *Jesus Christ in Matthew, Mark, and Luke* (Philadelphia, PA: Fortress, 1981).

McEleney, N. J., *The Growth of the Gospels* (New York, NY: Paulist, 1979).

Marrow, S. B., *The Words of Jesus in Our Gospels: A Catholic Response to Fundamentalism* (New York, NY: Paulist, 1979).

Meier, J. P., *A Marginal Jew: Rethinking the Historical Jesus* (2 vols.; New York: Doubleday, 1991, 199?).

O'Collins, G., *What Are They Saying About Jesus?* (New York, NY: Paulist, 1977).

Perkins, P., *Resurrection: New Testament Witness and Contemporary Reflection* (Garden City, NY: Doubleday, 1984).

N.B. 성서위원회의 더 긍정적인 이미지를 최근 간행물에서 찾아볼 수 있다. 즉,
① *Fede e cultura alla luce della Bibbia: Atti della sessione plenaria 1979
della Pontificia Commissione Biblica* (Turin: Editrice Elle di Ci, 1981). 여기
에는 위원회의 회원들에게 교황 요한 바오로 2세께서 행한 연설(1979.4.26)과 위
원회의 회원들이 쓰고 J. -D. Barthélemy가 소개한 여러 나라 말(영어, 프랑스어, 독일
어, 이탈리아어, 라틴어 그리고 스페인어)로 된 15편의 논문이 들어 있다. ② *Bible et
christologie* (Paris: Cerf, 1984). 여기에는 위원회의 개별회원이 쓰고, 단독으로
발표한 보통 진술과 그리스도론적 주제에 관한 이른바 9편의 주석과 논문이 들어
있다. 그리고 서문은 위원회 간사인 Henri Cazelles, P.S.S.가 썼다[나의 영어 번역
판 *Scripture and Christology: A Statement of the Biblical Commission with a
Commentary* (New York, NY/Mahwah, NJ: Paulist, 1985) 참조]. ③ *Unité et
diversité dans l'Eglise: Texte officiel de la Commission Biblique Pontificale et
travaux personnels des membres*(Vatican City: Libreria Editrice Vaticana,
1989). 이것은 위원회 간사인 Henri Cazelles, P.S.S.가 쓴 서문으로 소개되었다.

역자 후기

이 책은 Joseph A. Fitzmyer, *A Christological Catechism – New Testament Answers*의 개정 증보판(N.Y, Paulist Press)의 본문만을 번역한 것이다. 이 책은 지금 신학교에서 교재 및 필독서로서 널리 읽혀지고 있다.

저자는 이 책을 성서위원회의 "복음서의 역사적 진실성에 관한 지침" 및 제2차 바티칸 공의회의 교부들의 헌장에 입각하여 기술하였다고 한다. 이 책은 복음화 및 성서 연구에 지대한 관심을 가지고 있는 현대인들을 사목하는 데 "성서의 안내서"가 될 것이다.

저자는 미국의 예수회에 속한 저명한 성서학자이고 현재 워싱턴에 있는 아메리카 가톨릭 대학(Catholic University of America)의 신약성서학 명예교수이다. 그는 *Gospel According to Luke* (Anchor Bible Series)의 저자이고, *New Jerome Biblical Commentary*의 공동편집자이고 그밖에 *Responses to 101 Questions on the Dead Sea Scrolls* (1992), *According to Paul: Studies on the Theology of the Apostle* (1993), *Scripture, the Soul of Theology* 등 많은 저서와 논문이 있다.

이 책이 나오기까지 원고를 정성껏 읽어주고 정리해 주신 동대문 본당 이경상 신부님과 중곡동 본당 이재철 신부님, 그리고 양주열 부제님께 진심으로 감사한다.

끝으로 이 책을 출판하는 데 물심양면으로 호의를 아끼지 않으신 분도회 김구인 원장신부님과 강순건 신부님, 그리고 직원 여러분께 다시 감사드린다.

1997년 3월 30일 부활대축일, 상도동에서

이봉우